KB092100

내 몸 쓰는 법

보이는 몸이 아닌 기능하는 몸을 위한 스포츠 이야기

쓰담문고 005

초판 1쇄 인쇄 2024년 5월 14일

지은이	김보미
펴낸이	이영선
책임편집	이현정

편집	이일규 김선정 김문정 김종훈 이민재 이현정
디자인	김회량 위수연
독자본부	김일신 손미경 정혜영 김연수 김민수 박정래 김인환

펴낸곳 서해문집 | 출판등록 1989년 3월 16일(제406-2005-000047호)
주소 경기도 파주시 광인사길 217(파주출판도시)
전화 (031)955-7470 | 팩스 (031)955-7469
홈페이지 www.booksea.co.kr | 이메일 shmj21@hanmail.net

내 몸 쓰는 법

보이는 몸이 아닌
기능하는 몸을 위한 스포츠 이야기

김보미 지음

서해문집

프롤로그

다이어트와
바디 프로필을
넘어

누구나 한 번쯤 계단을 뛰어 올라간 적이 있을 거예요. 그때 낯선 느낌이 드는 경우가 있습니다. 숨이 유독 가빠진다거나 다리에 힘이 들어가지 않기도 하죠. 그건 우리 몸이 "지금 나빠진 상태를 알아차려 줘"라며 말을 걸고 있는 거예요. 고장 나기 전에 몸을 풀거나 휴식을 취해 달라고 하는 거죠. 몸은 매일 달라집니다. 오늘과 내일이 같지 않고, 모레는 또 바뀌어요. 계속 변하는 내 몸을 스스로 조율하는 법을 알 때 건강하게 생활할 수 있습니다.

건강을 뜻하는 '헬시Healthy'와 즐거움의 '플레저Pleasure'를 합친 '헬시 플레저'라는 신조어가 등장했습니다. '즐겁게 건강을 지키는 생활'이라는 의미로, 좋은 재료로 만든 맛있는 음식을 먹고 운동을 즐기는 삶이라고 해요. 그전까지의 건강 관리가 썩 즐거운 일은 아니었나 봅니다. 일단 굶는 다이어트, 헬스장에 가서 꾸역꾸역 트레드밀 위에 올라가는 모습을 떠올리면 그럴 수도 있겠다는 생각이 들어요.

하지만 운동을 하는 이유는 다양합니다. 너무 재미있는 스포츠를 발견해서 하는 사람도 많습니다. 남들이 하니까 따라 해 보는 사람도 있고, 통증을 없애기 위해 약을 먹듯이 운동하기도 합니다. 요즘은 바디 프로필을 찍으려고 극단적인 식단 조절과 근력 훈련을 하기도 해요.

저에게 운동은 생활의 균형을 위해 지켜 가고 있는 일상의 습관입니다. 명절 연휴와 국경일, 그 사이에 낀 평일까지 임시 공휴일로 지정되면서 갑자기 꿀맛 같은 1주일 방학을 맞이한 때가 있었는데요. 처음엔 침대 위에서 볼 책과 영상들의 목록을 적으며 신이 났습니다. 아차. 그런데 한 가지 걱정이 들었어요. '운동은 어떡하지?' 체육관이 문을 닫는 동안 찌뿌듯하게 생활할 생각을 하니 허리와 어깨가 뻐근하고 팔다리가 무거워지는 것 같았거든요.

다행히 저에겐 방법이 있었습니다. 운동 강의 영상이 선생님을 대신해 줬어요. 폼 롤러를 비롯한 소도구도 마련해 뒀고요. 연휴 내내 하루에 한 번씩 땀을 내며 몸을 움직였습니다. 그래서 누워 있는 시간이 평소보다 훨씬 긴 방학도 활기차게 보낼 수 있었어요.

사실 저는 근육이 잘 붙지 않는 체형에, 체력도 좋지 못한 편입니다. 그러다 보니 움직이는 것보단 가만히 있는 게 편한 '집순이'

예요. 초등학생일 때 방학마다 운동을 배우긴 했어도 엄마의 성화에 못 이겨 억지로 갔습니다. 하기 싫다며 대드는 바람에 혼도 많이 났죠. 그렇지만 어른이 되어서 생각하니 어린 시절에 여러 가지 운동을 해 본 덕분에 몸이 힘들어도 땀을 흠뻑 흘리며 움직이는 일이 재미있다는 사실을 알게 되었답니다.

여러분에게도 운동이 삶의 일부가 되기를 바라며 이 책을 썼습니다. 학교 체육 시간에 배우는 청소년 체조 같은 가벼운 운동부터 코치님에게 배우는 스포츠까지 무엇이든 괜찮아요. 내 몸 쓰는 법에 정답은 없거든요. 예쁜 몸매가 아닌 건강한 신체를, 남에게 보여주려는 게 아니라 나의 활기찬 생활을 위해서 도전한다면 더욱 좋겠죠.

그런 목표를 가지고 운동하는 사람들의 모습을 스포츠 종목별로 담았어요. 땀 흘리는 일이 얼마나 재미있는지 알 수 있을 겁니다. 이미 그 기쁨을 느껴 봤다면 새로운 세상을 살짝 엿보는 예고편으로 삼을 수 있을 테고요. 스포츠에 관심이 많다면 풍성한 선택지를 만나게 될 거예요. 인생 운동을 찾아 즐겁고 건강하게 생활하는 비법을 만나러 떠나 볼까요?

숨을 한번 쉬어 볼까요

여기에 근육과 뼈, 근막이 있습니다

예쁜 몸? 기능하는 몸!

내 몸에 집중하는 시간

이 세상에서 여러분에 대해 가장 잘 알고 있는 한 사람을 뽑는다면 누가 떠오르나요? 부모님, 할머니, 할아버지, 언니, 누나, 오빠, 형, 동생, 친구, 선생님…. '나'라고 대답한 사람도 있을 거예요. 그렇다면 나에 대해 얼마나 알고 있는지 테스트를 해 봅시다. 아래 질문을 읽고, 답을 적어 보세요.

✦ 철봉에 몇 분간 매달려 있을 수 있나요? _____

✦ 턱걸이는 최대 몇 개까지 할 수 있나요? _____

✦ 한쪽 다리로 균형을 잡았을 때 왼쪽 다리와 오른쪽 다리 중 어느 쪽이 더 잘 버티나요? _____

✦ 한 번 뛰기 시작하면 몇 킬로미터까지(또는 몇 분이나) 멈추지 않고 달릴 수 있나요? _____

✦ 양다리를 앞으로 쭉 펴고 앉아 허리를 굽히면 손을 뻗어 발을 잡을 수 있나요? _____

✦ 지금 허벅지 뒤쪽 근육이 뭉쳐 있나요? 아니면 충분히 풀어져서 유연한 상태인가요? _____

　정확하지는 않아도 답을 할 수 있는 질문이 몇 가지인지 세어 보세요. 바로 대답할 수 있는 항목이 하나도 없을 수도 있어요. 아주 정확한 숫자를 떠올리는 사람도 있을 거고요. 평소 걷기나 달리기, 축구, 농구 같은 운동을 꾸준히 했다면 이런 질문이 낯설지 않겠지만, '나에 대한 질문이 몸 상태를 묻는 거였어?' 하고 당황한 친구도 있을 거예요.

　많은 사람이 '내 몸은 내가 젤 잘 알고 있어'라고 생각합니다. 과연 그럴까요? 신경 써서 들여다보고 살펴 주지 않으면 도통 알 수 없는 게 내 몸이랍니다. 내 마음대로 움직이는 것도 노력이 필요한 일이거든요. 다음 문장을 따라 해 보면 알 수 있을 거예요.

숨을 한번 쉬어 볼까요

① 입은 살짝 다물고, 코로 편안하게 숨을 끝까지 내쉬어 보세요.

② 이제 다시 코로 숨을 크게 들이마십니다. 이때 복부를 점점 볼록하게 부풀리면서 들어가는 숨의 양을 한껏 키워 봅시다.

③ 배가 더 커지지 않는다면 숨을 참았다가 3초를 세고 다시 코로 숨을 천천히 내쉽니다.

④ 배꼽이 등에 붙는 것처럼, 숨이 남김없이 다 비워질 때까지 배를 홀쭉하게 만듭니다.

자, 어떤가요? 동작이 어렵지 않았다면 이번에는 숨을 마시고 내쉬는 시간을 각각 10초로 똑같이 맞춰서 해 보세요. 숨이 편안해지면서 어깨나 목이 가벼워진 듯한 느낌이 들 수 있습니다. 지금 따라 한 움직임이 그 유명한 복식 호흡입니다. 폐로 들어가는 산소량이 늘어나면 우리 몸을 무의식적으로 조절하는 교감신경이 안정되어 마음이 차분하게 가라앉는 효과가 있다고 해요. 가슴이 답답할 때 해 보면 긴장을 조금 풀 수 있을 겁니다.

우리는 하루에 1만 번 이상 호흡합니다. 신경 쓰지 않고서는 알아채지 못할 만큼 자동으로 배와 가슴이 움직이며 숨을 쉬고 있어요. 하지만 제대로 숨을 쉬는 건 연습이 필요해요. 반복해서 익힐수록 깊고 길게 호흡할 수 있죠. 이 방법을 알면 가빠진 호흡을 빨리 진정시키고 굳은 몸을 스스로 푸는 힘이 생깁니다.

우리 몸속엔 200개가 넘는 뼈, 500개가 넘는 근육, 100개가 넘는 관절이 정교하게 이어져 있습니다. 마음만 먹으면 팔을 올렸다 내리는 것쯤은 아무것도 아닌 것 같지만, 집중해서 느껴 보면 별거 아닌 동작에도 신체 각 부위에 미세한 움직임이 연속으로 일어나고 있다는 걸 알 수 있어요. 호흡만 해도 가슴과 배 사이에 있는 횡격막 주변 근육이 수축 또는 이완하면서 아래위로 움직입니다. 가슴 안쪽 공간의 압력이 낮아졌다 높아지면서 공기가 들어왔다 나가는 것입니다. 몸이 이렇게 작동한다는 사실은 어딘가 불편하면 더 잘 느끼게 되죠.

그런데 몸에 문제가 생겼다는 건 오로지 나밖에 느낄 수가 없습니다. 몸이 지금 어떤 상태인지 들여다봐야 하는 이유가 여기에 있습니다. 병원에 가서 의사 선생님의 진료를 받거나 체육관 강사님의 지도를 받으며 알아낼 수도 있지만 그건 뼈의 모양, 근육의 상태일 뿐입니다. 몸을 움직이는 법, 돌보는 법을 내가 알고 있어야 다치지 않고 활동할 수 있고, 아플 때 회복할 수 있어요. 게다가 사람의 얼굴이 저마다 다르듯 몸도 다릅니다. 체형과 체질이 갖가지이고, 타고난 근력과 체력도 천차만별이죠. 그래서 다른 사람이 몸 쓰

는 방식이 나에게는 맞지 않을 수 있어요. 스스로 걷고, 뛰고, 팔다리를 벌리고, 힘을 써 봐야 내 몸이 어떤 몸인지 알 수 있죠. 세상에 하나밖에 없고 나밖에 알지 못하는 내 몸을 제일 잘 보살필 수 있는 사람은 나뿐입니다. 내 몸을 아끼고 올바르게 쓰는 건 곧 나를 사랑하는 가장 빠르고 정확한 방법일 거예요.

여기에 근육과 뼈, 근막이 있습니다

내 몸 쓰는 법은 언제든 배워 두면 생활에서 아주 유용합니다. 책상에 앉아 열심히 공부할 때, 침대에 엎드려 스마트폰을 오래 볼 때도 어깨나 허리 근육이 튼튼하면 쉽게 지치지 않죠. 나만의 스트레칭법만 갖고 있어도 몸이 '휴' 하고 숨 쉴 공간을 만들어 줄 수 있어요.

여러분은 하루에 스마트폰을 몇 시간이나 사용하나요? 쉬는 날이면 손에서 떼 놓기가 너무 힘들지 않은가요? 친구와 밥을 먹고 이야기하는 순간에도 작은 화면을 보고 있어야 안심되는 사람도 있을 거예요. 6인치가량 되는 작은 네모 안에 이 세상 모든 것이 담겨 있어 심심할 틈이 없습니다. 그런데 화면을 들여다볼 때 내가 어떤 자세를 하고 있는지 생각해 본 적 있나요? 부모님이나 친구에게 무아지경으로 스마트폰에 빠져 있는 순간을 사진 찍어 달라고 부탁해 보세요. 거북이처럼 목은 앞으로 쭉 나오고, 등은 껍질을 멘 듯 한껏 말려 있을 겁니다.

스마트폰뿐 아니라 태블릿, 노트북을 보면서 공부하고 일하고 노는 현대인은 이런 이상한 자세로 머물러 있는 시간이 길어졌어요. 몸을 움직이는 시간은 옛날보다 짧아졌죠. 그래서 어깨와 등이 굽은 비율이 높아졌다고 해요. 우리가 하루에 걷거나 뛰는 시간과 의자에 앉아 있는 시간을 비교해 보면 바로 알 수 있는 사실입니다. 문제는 어렸을 때부터 앉아만 있는 생활에 익숙해지면 어른이 되어서도 습관을 바꾸기 쉽지 않다는 거예요. 땀이 날 정도의 활동량은 줄고 거북이 같은 자세로 있는 시간이 길어지면 목과 어깨, 허리의 정렬이 무너집니다. 척추를 비롯한 신체가 변형될 수 있어요.

원래 척추는 중력을 이겨 내려고 옆에서 보면 살짝 곡선을 그린 S자 모양을 하고 있습니다. 정면에서 보면 일자고요. 하지만 구부정한 자세로 오래 있거나 다리를 꼬고 있으면 형태가 바뀌고 맙니다. 뼈가 다른 방향으로 휘면 중력을 제대로 버텨 내지 못해 아플 수 있어요. 초등학교 5학년이나 6학년 때 학교에서 척추측만증과 거북목증후군 검사를 받은 친구도 있을 거예요. 스마트폰을 쓰는 생활이 신체 변형을 부르기 전에 빨리 교정하기 위한 거예요. 자,

팔을 위로 올리고 어깨를 귀 쪽으로 으쓱 올려 보세요. 시원한 느낌이 들죠? 나도 모르게 긴장했던 근육이 이완되면서 편안해지는 것이랍니다. 생각날 때마다 수시로 일어나 이렇게 몸을 쭉 펴는 동작만 해 줘도 척추를 바로잡을 수 있습니다.

몸을 써 보는 경험은 몸을 이해하는 기회도 만들어 줍니다. 허리가 뻐근하면 어디를 풀어 줘야 좋을까요? 물론 허리를 돌려 줘도 도움이 되죠. 이때 어깨와 목, 골반뼈와 넓적다리뼈를 잇는 고관절, 허벅지를 같이 움직여 주면 훨씬 빨리 회복될 거예요. 어깨와 목에서 시작된 큰 근막이 등에서 허벅지까지 연결되어 있거든요. 뼈와 근육, 혈관과 내장 등을 감싸고 있는 근막은 장기를 보호하면서 우리 몸이 제자리에 있을 수 있게 하나로 묶어 주는 조직이에요. 그래서 아랫배와 허벅지의 경계에 있는 서혜부와 등과 가슴을 동시에 펴 주면 상체 전부가 시원해집니다. 여러 번 반복하면 일직선에 있어야 하는 귀와 어깨도 자리를 되찾아 거북목이 풀립니다.

춤을 잘 추는 아이돌이나 댄서에게 '춤선'이 멋지다는 칭찬을 하죠? 군더더기 없이 안무를 섬세하게 표현하는 사람들의 특징은 무엇일까요? 대부분 코어가 강해 격렬한 움직임에도 동작에 균형이 잡혀 있어 보는 사람이 안정감을 느끼기 때문이라고 해요. 코어는 척추와 허리, 복부 등 몸통의 중심을 뜻해요. 많은 장기가 위치해 있어 중요한 부분이기도 합니다. 이 코어가 역할을 잘할 수 있을 정도로 튼튼해서 매력적인 춤이 나온다는 겁니다.

예쁜 몸? 기능하는 몸!

"언니가 밥을 나랑 비슷하게 먹는 것 같거든? 진짜 잘 먹어. 그런데 사람들이 언니한테 '방송에서 많이 먹는 척하는데 거짓말 치는 거'라고 해. 원래 안 찌는 체질이야?"

"절대 아니야. 몸무게가 고무줄이야. 하루에 4킬로그램이 찐 적도 있어."

"그럼 살을 어떻게 뺐어? 유산소 운동?"

"응. 패딩이랑 티셔츠랑 엄청 많이 껴입고 한 네 시간을 뛰어. 노래 들으면서. 스스로한테 '넌 멋있어!'라고 하면서 계속 뛰어.(웃음)"

"먹은 만큼 많이 움직이는구나. 사람들이 노력하는 걸 모르는 것뿐이네? 말한 적이 없으니까."

"그렇지."

"맞아. 나는 먹고 안 움직였어. 누워 있어.(웃음)"

여자 아이돌 그룹의 한 멤버가 유튜브 프로그램에서 진행자와 이런 대화를 나눴습니다. 큰 키에 가늘고 긴 팔다리로 '완벽한 몸매'라 불리는 사람이었어요. 무대 위에 서는 아이돌로서 이 멤버는 직업의식을 가지고 보이지 않는 곳에서 몸을 만들기 위해 노력하고 있었습니다. 좋아하는 음식을 무조건 참으며 굶기보단 먹고 나서 더 열심히 움직였던 거예요.

밥을 먹고 움직이면 에너지가 필요하니 열량이 소모되고, 가만히 있으면 몸에 저장됩니다. 이때 음식으로 섭취한 열량 가운데 움직임으로 얼마를 쓰는지는 사람마다 달라요. 세상에 똑같은 몸은 없으니까요. 우리는 무엇을 기준으로 '살쪘다' '말랐다'를 결정하는 걸까요? 아마도 우리의 체형은 저마다 다른데 정해진 모양과 사이즈에 따라 똑같은 옷을 입어야 하기 때문일지도 모르겠습니다. 내 몸에 맞춰 옷을 만드는 게 아니라 기성복을 입다 보니 이른바 '옷발'이 잘 받는 체형을 멋지고 예쁘다고 생각하게 된 거죠. '멋지다'는 말을 듣고 싫어할 사람은 없을 거예요. 자신감이 생기잖아요. 그런데 억지로 살을 빼서 옷이 잘 어울린다고 한들 건강하다고 볼 수 있을까요? 한 여자 배우가 소셜 미디어 라이브 방송을 하면서 "언니처럼 마르려면 어떻게 해야 하나요?"라고 묻는 팬에게 이런 대답을 했습니다.

"어떻게 해야 하는 게 아니라 저처럼 마르면 안 돼요. 건강을 지키셔야죠. 배우라는 직업은 내면도 중요하지만, 외관을 비추는 일이기 때문에 살을 빼는 거예요. 화면은 실제보다 뚱뚱하게 보이거든요. 그게 아니었으면 저도 정상 체중을 유지하면서 살았을 거예요. '아름답다'는 관점은 다양해요. '말랐다' 아니면 '뚱뚱하다'로 구분하면 안 될 거 같아요. 건강해야 예뻐 보이는 거예요."

직업상 마른 모습을 보여 줘야 하는 배우로서 책임감을 느껴 저 체중을 유지한다는 겁니다. 학생은 열심히 공부하고, 운동선수는 득점 기술을 꾸준히 연습합니다. 기자인 저는 취재하고 사람들을 만나며 책을 읽습니다. 많은 이들에게 도움이 되는 기사를 쓰려고 노력하는 거예요. 방송과 영화에 출연하는 사람들은 일을 더 잘하기 위해 체중을 조절하고요. 그러니 '좋아하는 아이돌이나 배우가 말라서 나도 다이어트를 하겠다'는 건 어딘가 앞뒤가 맞지 않는 말이 되죠.

저도 살이 찐 것보다는 마른 것이 좋다고 생각했던 적이 있었습니다. "팔다리가 얇아서 부럽다"라는 말이 칭찬으로 들려서 신이 났어요. 꽉 맞는 바지도 즐겨 입었습니다. 저체중이었지만 종아리가 더 얇았으면 좋겠다는 생각에 근육을 줄이는 시술도 찾아봤죠.

운동을 시작한 후에야 그동안 단단히 잘못된 고정 관념에 갇혀 살았다는 걸 깨달았습니다. 처음으로 간 요가 수업에서 엄청난 충격을 받았거든요.

한쪽 다리로 균형을 잡고 두 손바닥을 모아 머리 위로 뻗는 나무 자세를 하는데 몸이 제멋대로 부들부들 떨렸습니다. 버티는 다리에 힘을 어떻게 줘야 할지 몰라서였죠. 두 팔로 버티는 동작도 계속 실패했습니다. 잘하지는 못해도 남들만큼은 할 줄 알았는데 너무 속상했어요. 빼빼 마른 팔과 다리가 하찮게 느껴졌습니다. 얇은

발목에 비해 두꺼워서 싫어했던 종아리와 허벅지에 그나마 근육이 붙어 있다는 사실도 처음 알았어요. 엉망이 된 수업이었지만 그 근육마저 없었다면 한 시간을 채우지 못하고 도중에 나와버렸을 것 같아요.

그날 이후 운동을 10년 넘게 하고는 있어요. 여전히 저의 팔과 다리는 남들에 비하면 얇습니다. 하지만 이제 삼두근이 어디 있는지 정확히 알 수 있을 만큼 근육이 붙었습니다. 소원근의 가동 범위도 커져서 옷걸이 같던 어깨에 각이 생겼어요. (삼두근은 팔 뒤쪽에 있는 기다란 근육, 소원근은 어깨를 바깥쪽으로 돌릴 때 사용하는 근육이랍니다.) 무엇보다 원하는 자세를 탄탄하게 유지하는 힘을 길렀습니다. 배를 앞으로 쭉 내밀고 걷던 버릇도 허리와 복부에 힘이 생기면서 사라졌습니다.

지금 내 몸이 어떤지 확인하고, 아픈 곳이 생겼을 때 대처하는 능력도 생겼답니다. 예를 들어 허리가 아플 때는 너무 오래 앉아 있지 않았나 생각해 봐요. 아마도 고관절을 안쪽으로 당겨 주는 내전근이 짧아지면서 자극이 생겼을 테니 허벅지와 어깨까지 풀어 줍니다. 하루 종일 컴퓨터를 했거나 스마트폰을 많이 봐서 거북목이 되었다면 똑바로 앉아 배에 힘을 주고 견갑골(어깨뼈)을 아래로 내리면서 어깨 앞쪽을 펴 줍니다.

또 하나 변한 것이 있습니다. 잘 어울리는 바지가 무엇인지 신경 쓰지 않게 되었다는 거예요. 바지는 편하면 최고입니다. 남들이 나를 '말랐다'라고 보는지 '멋지다'라고 보는지는 중요하지 않게 되었어요.

운동을 열심히 해서 근육은 커졌는데 식단 조절을 하지 않아서 살은 빠지지 않는 사람을 건강한 돼지라며 놀리곤 합니다. 그런데 체형은 각자의 모습일 뿐이에요. 나에게 맞는 모습이 무엇인지가 더 중요하죠. 살을 빼지 않아도 활기차고 행복하게 생활할 수 있다면 건강한 돼지가 되면 안 되는 이유가 있을까요? 어떤 몸이 멋진지는 남이 결정하는 것이 아닙니다. 내가 느끼는 것이죠.

내 몸에 집중하는 시간

모두가 체형이 다른 것처럼 각자 필요한 운동도 다릅니다. 종목에 따라서 집중적으로 단련하는 근육에도 차이가 있죠. 예를 들어 투수는 야구공을 원하는 방향의 커브를 그리며 빠른 속도로 던질 수 있게 어깨의 힘과 가동성을 키웁니다. 수영 선수는 손끝부터 허리, 발끝까지 일직선으로 만드는 유선형 자세를 위해 전신을 훈련해요. 물의 저항은 줄이고 속도는 높일 수 있도록 말이에요. 팔을 힘차게 저으려면 어깨도 중요하지만, 등 근육과 코어가 발달해야 물살을 가르는 힘이 커지거든요. 이렇게 근력을 적절히 기르고 쓰는 방법을 배우는 과정이 운동입니다.

내 몸에 좋은 운동을 찾으려면 우선 내 몸이 어떤지 알아야 해요. 저는 선천적으로 유연성이 커서 다리를 90도 이상 찢거나 두 다리를 앞으로 펴고 앉아 허리를 굽혀 손으로 발가락을 잡는 것이 어렵지 않습니다. 요가에 왕비둘기라는 자세가 있어요. 바닥에 앉아 한쪽 다리를 뒤로 뻗은 다음, 허리를 젖혀 뻗은 다리 쪽의 발을 양손으로 잡는 동작이에요. 분명 난도는 높지만 관절 유연성이 커서 자세만 따라 하는 것은 어렵지 않습니다.

'나는 유연성이 떨어져서 요가는 하기 어려울 거 같아.' 소질이 없기 때문에 운동을 못 하겠다는 친구들이 이런 이야기를 많이 합니다. 유연성은 정말 운동 신경과 관계가 있을까요? 관절을 많이 꺾는 자세일수록 알맞은 호흡과 근육의 힘이 중요해요. 천천히 동작을 완성해 나가지 않으면 뼈나 근육이 다칠 수 있어서 그래요.

가끔 운동하기 싫은 날, 설렁설렁 선생님의 동작만 따라 하고 집에 가면 허리나 손목, 무릎에 유독 심한 통증을 느낄 때가 있습니다. 제대로 근육을 쓰지 않고 뼈로 온몸을 지탱하거나 잘못된 자세로 힘을 주는 바람에 무리가 온 거예요. 짝다리로 서기, 팔자로 걷기, 다리 꼬기. 허리나 어깨에 가장 무리를 주는 자세인데 근력을 쓰지 않는 운동이란 이런 자세를 하는 것과 마찬가지입니다. 운동으로 효과를 보기는커녕 몸을 망치는 거죠. 동작만 잘 따라 했다고 완벽한 운동이 되는 게 절대 아닌 거예요.

유연성은 요가에 도움이 되기는 하지만 유리한 특성이라고는 할 수 없습니다. 인구의 20퍼센트 정도는 과신전 문제를 겪고 있다고 해요. 팔꿈치, 무릎 등의 관절이 보통 범위를 넘어 꺾이는 증상입니다. 신축성이 너무 좋으니 관절이 빠지거나 무리하게 움직여 탈이 나는 거예요. 소화기 기능에도 영향을 줍니다. 과민대장증후군이 생길 수 있죠. 유연성이 큰 저는 요가를 할 때 과신전을 막기 위해 노력합니다. 무릎을 펴는 동작에서는 관절이 뒤로 꺾이지 않게 저만 알 수 있는 각도로 살짝 무릎을 구부린 후 주변 근육에 힘을 단단하게 줍니다. 매트 위에서 발견한 내 몸의 특징인 거죠.

피겨 훈련 전에 스트레칭을 하는 김연아 선수에게 "무슨 생각하면서 하세요?"라고 물었던 인터뷰 영상이 화제가 된 적이 있습니다. 답은 생각보다 시시했어요. 김연아 선수가 웃으면서 "무슨 생각을 해… 그냥 하는 거죠"라고 했거든요. 진짜 아무 생각이 없는 게 아니라, '잘해야지' '못하면 어떡하지'라며 잡념을 떠올리지 않고 나에게 집중하고 있었다는 의미가 아닐까요? 몸 상태를 파악하고, 빙판 위에서 할 수 있는 것에 몰입하는 데 힘을 쏟고 있었을 거예요.

2018년 평창 동계올림픽에서 스켈레톤 종목 금메달을 딴 윤성

빈 선수는 몸에 지방이 10퍼센트도 안 된다고 해요. 허벅지 둘레는 무려 성인의 허리 두께인 25인치나 됩니다. 브레이크 없는 썰매를 잡고 달려 나가 몸을 싣는 스켈레톤은 폭발적인 힘으로 가속도를 만들어야 하기에 강한 허벅지 근육이 기록을 좌우해요. 윤성빈 선수는 원래 근육이 잘 붙는 체형이 아니어서 몸을 키우려고 하루에 밥을 여덟 번씩 먹고 팔 굽혀 펴기 1000개, 240킬로그램 역기를 든 채 스쾃Squat을 하며 단련했다고 합니다. '아이언맨'이라는 별명을 그냥 얻은 게 아니었어요. 은퇴 후에도 일요일만 빼고 단백질 중심의 식단을 유지하고 매일 두 시간씩 근력 운동을 하는 중인데 사실 체육관에 가는 게 무지 고통스럽대요. 그래서 그냥 아무 생각 없이 매일 무조건 집에서 나와 체육관으로 간대요.

운동을 '노는 것'이라고 생각하는 사람도 있습니다. 하지만 세계적인 기록을 달성한 선수들의 생활을 보면 신체적인 노력뿐 아니라 철저한 자기 관리와 집중력이 중요한 활동이라는 걸 알 수 있어요. 경기가 이루어지는 짧은 순간에 판단을 내려 움직여야 하니까요. 그러기 위해서는 쓸데없는 것에 신경 쓰지 않고, 내 몸에만 몰두해야 합니다. 운동으로 몸과 정신을 단련한다고 하죠. 저에게도 요가 매트 위에 있는 시간은 오직 한 가지, 내 몸에만 집중하는 시간이에요. '오늘은 몸이 부어서 무겁네' '왼쪽 다리에 힘이 안 들어가네' '어깨가 뭉쳐서 팔 동작은 안 되겠는걸' '허벅지 뒤쪽이 당겨서 아프구나' 하고 천천히 몸을 살펴보는 거죠. 그러면서 어떤 자세를 해야 할지, 얼마만큼 운동할 수 있을지 생각하는 거예요.

러닝이나 줄넘기, 근력 운동 등도 비슷합니다. 야구나 축구 같은 팀 스포츠에서는 함께 호흡을 맞추는 동료들도 둘러봐야겠죠. 서로의 상태를 확인해 부족한 부분을 채워야 전략을 성공적으로 펼칠 수 있으니까요. 가장 격렬하게 움직이는 순간이 내 몸을 가장 자세히 바라볼 수 있는 때입니다. 내가 어떤 사람인지 알고 싶다면 운동을 시작해 보세요. 그동안 인식하지 못했던 내 몸 구석구석이 보일 거예요.

인생 운동 찾는 법

물론 운동을 실천하는 건 어려워요. 나에게 맞는 종목을 찾아 적당한 강도로 움직여야 하죠. 그래야 안전하게 오래 운동할 수 있어요. 운동 효과를 가장 높일 수 있는 방법이기도 하고요. 하지만 누구에게나 효과가 있는 운동, 누구에게나 좋은 스포츠는 없습니다. 재미있는 종목과 잘하는 종목도 다 달라요.

저의 인생 첫 운동은 수영입니다. 초등학교 3학년 여름 방학 때 같은 아파트에 사는 친구들과 승합차를 타고 옆 동네 스포츠 센터에 가서 배웠어요.. 1주일에 한 번, 주말에 강습을 받았는데 취미반인데도 훈련 강도가 제법 높았습니다.

수영장에 가면 우선 수영복으로 갈아입고 스트레칭과 팔 벌려 뛰기로 준비 운동을 했어요. 물에 들어가기 전에 밖에서 영법을 연습합니다. 자세가 어느 정도 몸에 익으면 물에서 발차기로 몸을 풀어요. 그리고 25미터 레일을 네다섯 차례 왕복하죠. 영법을 하다 머리가 들리거나 다리가 아래로 떨어져 자세가 흐트러지면 안 되니 꽤 힘들었는데 요령을 피우지는 못했습니다. 강사 선생님들이 엄격하셨거든요.

그래도 자유형부터 배영, 평영, 접영까지 배우고 나자 물속에서 자유롭게 움직일 수 있게 되었습니다. 혼자서 목표치를 정해 놓고 레일을 달리는 시간이 즐거워졌어요. 하지만 중학생 때부터는 방학에도 학원을 많이 가야 해서 더는 수영을 하지 못했죠.

대학생이 되어서야 수영장에 갔습니다. 정말 오랜만인데도 신기하게 물에 들어가자마자 몸이 알아서 움직였어요. 물에 뜨고, 팔을 젓고, 잠수하는 요령도 잊지 않았더라고요. 수영장 바닥으로 내려가 헤엄칠 때 묵직한 물의 무게가 온몸으로 느껴져 좋아했던 기억이 떠올랐습니다. 바닥까지 깊게 잠수하면 물살을 가르는 소리만 들려서 나만의 공간에 들어온 것 같거든요. 고요한 적막 속에서 움직이는 자유를 다시 느꼈습니다.

인생 두 번째 운동도 방학 때 배웠습니다. 스키였죠. 수영처럼 옷과 장비를 갖춰야 하고, 멀고 먼 스키장까지 가야 하는 일이 무척 번거로웠어요. 날도 추운데 집에서 잠이나 잤으면 좋겠다고 생각하기도 했습니다. 하지만 쌩쌩 달리는 속도가 재밌어서 나중에는 스키장 가는 날이 살짝 기대되긴 했어요. 어른이 되기 전까지는 자동차나 오토바이를 운전할 수 없지만, 스키를 타면 운전을 하는 느낌이었으니까요. 마음대로 방향을 이리저리 바꾸며 긴 슬로프Slope를 활주해서 내려가면 정말 짜릿합니다.

처음에는 제 키만 한 길이의 스키 플레이트를 양발에 낀 채로 일어서는 것조차 쉽지 않았습니다. 플레이트는 평지에선 11자 평행으로, 경사에선 앞을 모으는 A자로 만드는데요. 가장 쉬운 기본자세인데 자꾸 미끄러지는 탓에 넘어지지 않으려고 안간힘을 쓰다 보니 한겨울에도 땀이 삘삘 났죠. 간신히 바르게 서서 무릎을 살짝 굽히고 무게 중심을 아래쪽으로 낮추니 주행 모드가 되었습니다.

이제 사람들과 부딪히거나 슬로프 밖으로 벗어나지 않도록 조절해야 했어요. 상체를 세우고 가고 싶은 쪽으로 몸을 향하게 합니다. 이때 한쪽 무릎을 굽혀 스키 날에 체중을 실으면 힘이 실리지 않은 반대편으로 몸이 회전해요. 몸의 중심이 이동할 때 균형점을 잘 찾아야 넘어지지 않습니다. 무게를 양쪽 다리에 번갈아 싣고 지그재그 오가며 아래로 달려야 안전합니다. 그렇게 긴 스키를 발에 끼고 방향과 속도를 바꾸면서 균형을 유지하다 보니 하체 근력도 강해지고 집중력도 높아지는 것 같았죠.

수영과 스키는 물의 저항, 눈밭의 미끄러움을 이겨 내고 동작을 올바르게 익혀야 즐길 수 있었습니다. 올바른 동작이란 힘을 써야 하는 근육은 단단하게, 방향과 각도를 바꿔야 하는 부위는 가볍게 만드는 거예요. 힘을 조절하는 법을 깨닫게 되면 '이번엔 제대로 성공했다'는 느낌이 듭니다. 나만이 아는 각도, 나만 느끼는 강도, 나만 정할 수 있는 타이밍. 운동의 재미는 바로 이런 미세한 움직임을 연습해 몸을 조절할 수 있는 기술을 터득하는 성취감일 거예요. 계속 넘어지느라 몇 시간 만에 내려왔던 스키장 초보자 코스를 5분 만에 완주하게 되는 순간, 숨이 차고 팔이 아파 몇 번을 멈춰 쉬어야 했던 레일을 잠영으로 한 번에 주파할 수 있게 되는 순간, 스스로가 너무 멋지거든요.

그런데 대학생 때 시작한 헬스는 한 달 만에 그만두고 말았어요. 지구력과 근력이 부족했던 저에게는 너무 어렵게 느껴졌거든요. 스키나 수영은 선생님의 동작을 따라 하면서 어느 정도 훈련이 가능했지만 헬스는 스스로 내 근육을 찾아서 힘을 써야 했어요. 머리로는 이해했는데 어떻게 몸을 움직여야 할지 모르겠는 기분이었어요. 더 정교하게 몸을 공부해야겠다는 생각에 요가를 배워 보자고 결심했고, 드디어 인생 운동을 만나게 되었습니다.

여러분은 요가가 어떤 운동이라고 생각하나요? 명상이나 스트레칭을 떠올리지 않나요? 반은 맞고 반은 틀린 설명입니다. 요가는 긴 역사만큼 장르가 다양해요. '이게 정말 요가야?' 하고 놀랄 정도로 동작이 크고 화려한 수업도 있습니다. 어떤 장르든 공통점은 균형 잡힌 단단한 자세 혹은 근력을 완성하는 과정으로 이루어져 있다는 거예요. 몸의 기반을 강하게 만드는 데 도움이 되는 운동입니다. 런지Lunge, 플랭크Plank, 다운 독Down dog과 같은 기본자세부터 시르사아사나(머리 서기) 같은 난도 높은 동작까지 하다 보면 우리 몸의 모든 근육을 단련하면서 눈을 감고도 몸이 움직이는 모습을 그릴 수 있게 되죠.

운동은 종목마다 규칙이나 목표는 달라도 잘하는 법은 똑같습니다. 성실한 반복 말고는 없는 거 같아요. 그렇기에 흥미를 잃지 않고 꾸준히 할 수 있는 인생 종목을 찾는 것이 운동의 시작입니다. 최고의 경기를 하려면 정해진 규칙에 따라 맡은 포지션을 잘 해낼 수 있는 동작과 기술을 익혀야 하죠. 요가와 같은 심신 수련은 신체의 정렬을 맞추고, 그 과정에서 내면의 강인함을 키우는 것이 목표입니다. 무엇이든 좋아요. 다양한 경험을 하며 도전해 보세요. 그러다 보면 만나게 되는 것이 바로 인생 운동이랍니다.

운동은 나를 위한 나와의 싸움

뇌와 몸은 정직하게 움직여요

잘 쉬고 잘 자는 것도 운동

특수부대 출신인 전직 군인부터 올림픽 금메달리스트, UFC 종합 격투기 선수, 보디빌더까지 근육질이라면 빠질 수 없는 사람들이 모두 모여 힘을 겨루는 방송이 큰 인기를 끌었습니다. 화려한 개인 플레이나 절묘한 팀 전술을 펼치는 스포츠가 아니었어요. 오래 매달리기, 1.5톤 선박 끌기, 머리 위로 50킬로그램 바위 들고 버티기, 외줄 올라가기, 원형 트랙 무한 달리기, 100킬로그램 바위를 언덕 위로 올리기…. 맨몸에서 뿜어져 나오는 에너지로만 싸우는 경기 였죠. 그런데도 영어가 아닌 언어로 만든 넷플릭스 TV 시리즈 가운데 최초로 전 세계 시청률 1위를 했다고 해요. 인간의 체력과 근력, 지구력을 한계까지 시험하는 원초적이고 단조로운 싸움에 사람들이 열광한 이유는 무엇이었을까요?

운동은 나를 위한
나와의 싸움

참가자들은 강인한 몸을 만들기 위해 많은 것을 참았을 겁니다. 신체적 고통, 게으름을 피우고 싶은 마음, 편하게 지내는 시간과 맞서 이겨 냈죠. 그 모든 과정은 이들의 몸에 그대로 남아 있습니다. 근육으로 무장된 탄탄한 신체는 고통의 역사로 만든 결과물인 셈입니다. 여기저기 굳은살이 박이지 않은 발가락이 없고, 뼈마디가 변형되어 구부러진 발레리나의 발처럼요.

운동하다 보면 넘어지고, 부딪혀 다치는 일이 생깁니다. 관절이 아픈 날도 있어요. 구기 종목에서는 득점의 도구인 공이 무기가 되어 몸에 상처를 내기도 합니다. 큰 부상을 막으려고 단련하지만, 육체의 고통 없이 몸을 쓰는 일은 불가능합니다. 그런 고통을 극복하고 스스로 극한의 상황에 뛰어들어 최선을 다하는 사람들의 모습에 시청자들은 경외심을 느낀 것이 아닐까요? 가장 강한 신체를 뽑는 싸움에서 참가자들은 평범한 사람들이 상상하지 못할 만큼 훈련된 몸과 남다른 승부욕, 끝까지 도전하려는 태도를 보여 줬습니다. 로마 시대 검투사들의 목숨을 건 싸움 같았죠.

치열하게 경쟁하는 와중에도 자신보다 뛰어난 상대에게 존경을 표시하는 스포츠맨십 또한 잊지 않았습니다. 참가자 추성훈 선수가 했던 "아저씨 무시하지 마"라는 말은 시청자들에게 큰 공감을 얻었어요. 종합격투기 선수의 전성기는 마흔 전에 끝난다는 고정관념을 깨고 40대 후반까지 현역 파이터로 뛰고 있는 사람이죠. 이 프로그램에서 그는 훨씬 어리고 체력이 좋은 상대를 제압하며 상위권에 올라갔습니다. 나이에 한계를 둘 필요가 없다는 사실을 온몸으로 알려 준 거예요.

예전에는 남에게 몸매 자랑하려고 열심히 운동하는 거 아니냐고 오해하는 사람이 많았습니다. 하지만 운동을 해 본 사람이라면 강인한 신체는 나를 위해 나와의 싸움에서 이겨 낸 결과라는 것을 알죠. 내 몸 쓰는 법을 배우는 건 고통이 따르는 만큼 그만두고 싶은 내 마음을 다잡아 신체와 정신의 힘을 동시에 기르는 과정이 아닐까요?

1973년 미국 메이저리그 야구 구단 뉴욕 메츠가 최하위로 떨어졌을 때, 한 기자가 감독인 요기 베라에게 "이제 시즌이 끝난 것인가"라고 물었습니다. 꼴찌에서 탈출이나 할 수 있겠냐는 조롱이었을 겁니다. 요기 베라는 이렇게 답했습니다. "끝날 때까지는 끝난 게 아니다(It ain't over, till it's over)." 최선을 다하는 노력은 배신하지 않는 걸까요. 메츠는 그해 동부 지구에서 우승을 차지했고, 그의 대답은 포기하지 않는 스포츠 정신을 나타내는 명언으로 남았습니다.

2002년 한일 월드컵에서는 대한민국 축구 국가대표팀이 사상 처음으로 16강에 진출했습니다. 온 나라가 떠나갈 정도로 들뜬 분위기에 휩싸였죠. 한 사람만 빼고 말이에요. 거스 히딩크 감독은 소감을 묻는 기자에게 "나는 아직 배고프다(I'm still hungry)"라고 말했어요. 계속 경기를 해야 하는 선수들이 지금까지의 간절함을 잊지 않도록 경계하라는 뜻에서 한 말이었다고 합니다. 너무 빨리 만족감을 느끼면 앞으로 16강 전만큼 치열하지 않을 수도 있으니까요. 강한 정신력을 훈련한 덕분에 한국 대표팀은 이 월드컵에서 4강 진출이라는 대기록을 세웠고 그 기록은 지금까지 깨지지 않고 있습니다.

뇌와 몸은 경쟁하지 않아요

유학을 떠나 잠시 외국에 살 때가 있었어요. 낯선 환경에 적응하느라 처음 한 달은 몸도, 마음도 무척 힘들었습니다. 호기롭게 시작한 외국살이였는데 막상 혼자가 되니 '내가 잘할 수 있을까?' 걱정

되더라고요. 고민을 털어놓거나 기댈 곳이 없으니까 많이 외로웠습니다. 전입 신고와 학교 등록 등 각종 행정 처리를 하느라 체력도 달려서 항상 피곤했던 거 같아요. 학교에 가지 않는 휴일에는 집 밖으로 나가고 싶지 않아 침대에 누워만 있었습니다. 그러다 보니 사람을 사귈 기회는 점점 줄었고, 우울하다는 느낌마저 들었어요.

코로나19 확산으로 거리 두기가 시행되었을 때 저와 비슷한 경험을 했을 거예요. 아침에 일어나면 학교에 가는 대신 방 안 책상에 앉아 태블릿 PC를 켜고 작은 화면으로 친구들과 선생님을 만났죠. 가끔 학교에 가도 교실이나 운동장에 모여 놀기는 힘들었습니다. 가족들과 외식을 할 수도, 놀이공원을 마음껏 갈 수도 없었습니다. 그저 마스크를 쓰고 잠깐 길을 걷거나 집에 머물러야 했습니다. 혼자 스마트폰만 바라보는 시간이 늘어났던 시절입니다. 자유롭게 움직일 수 없는 생활이 우리의 마음에 어떤 영향을 미치는지 그 시기를 보내며 알게 되었죠. 물리적으로 고립된 인간은 마음도 병들 수 있다는 것을요.

외국에서 혼자서만 생활하던 어느 날 '이대로는 안 되겠다'는 생각이 퍼뜩 들었어요. 답답한 마음을 풀고 싶어서 동네 스포츠 센터에 갔습니다. 아이부터 어른까지 누구나 배울 수 있는 운동 프로그램이 있는 곳이었어요.

첫날 선택한 수업은 '발레톤Balletone'이라는 운동이었습니다.

피트니스, 발레, 요가, 필라테스를 합친 것인데요. 한국에서 꾸준히 요가를 했지만 처음 하는 동작이 제법 많아 선생님의 구호를 따라 가느라 정신이 없었어요. 오랜만에 근육을 써서 땀도 흠뻑 흘렸습니다.

한 시간 정도 움직이고 기진맥진해진 상태로 샤워를 하고 나오니 뭔가 이상했습니다. 분명 센터에 오기 전까지 심각하게 피곤했던 몸이 왠지 너무 가볍게 느껴지는 거예요. 공기는 정말 상쾌하고, 하늘은 유독 맑고 파랗기까지 했습니다. 마음속에선 '앞으로 잘 살아갈 수 있겠다!'라는 근거 없는 자신감이 샘솟았습니다.

정신이 육체를 지배한다고 생각하던 때가 있었습니다. 그러나 신경과학이 발전하면서 육체도 정신에 영향을 미친다는 사실이 연구를 통해 밝혀지고 있다고 합니다. 사실 뇌도 몸의 일부분이니 해부학적으로도 신체와 정신은 연결되어 있죠.

분명 가만히 앉아 공부만 했는데 어딘가에서 한참 뒹군 것처럼 몸이 뻐근하고 피곤했던 적이 있을 겁니다. 시험 결과에 너무 신경을 쓰면 몸살이 오기도 하죠. 정신적으로 열심히 움직이려면 신체 활동에 드는 만큼의 체력이 필요한 겁니다.

반대로 몸이 무기력해지면 감정의 힘도 떨어지고 인지 기능, 기억력까지 저하된다고 해요. 이럴 땐 저의 외국 생활처럼 운동을 통해 마음을 회복할 힘을 얻을 수 있다고 합니다. 저는 그날의 자신감

덕분인지 유학 생활을 무사히 마치고 돌아왔어요. 이후로도 운동을 계속했거든요.

움직임은 마음만 먹으면 저절로 되는 것 같지만 사실 뇌에서 주는 신호를 받아야 해요. 인지 능력이 손상되면 일직선으로 걷거나 몸의 균형을 잡지 못해 넘어지는 경우가 많습니다. 똑바로 앉아 있는 것조차 힘들어지고요. 넘어지지 않고 걸을 수 있는 건 앞뒤 좌우 아래위로 흔들리는 가운데서도 코어가 중심을 잡고 버텨 주는 덕분이에요. 근육과 관절들은 알맞은 각도로 움직이며 몸의 평형을 유지해 주죠. 발바닥과 발목, 무릎 등은 땅에 닿을 때의 충격, 땅을 딛고 나아갈 때의 압력을 흡수하고요.

이런 수많은 동작이 순식간에 작동할 때 우리 뇌는 집중력을 발휘합니다. 울퉁불퉁한 산길을 걷는다고 생각해 보세요. 잠깐 딴생각을 하면 넘어질 수 있어요. 평지에서보다 신경 쓸 움직임이 많아 신체와 뇌가 주고받는 신호가 늘어나기 때문에 걷는 동작 말고 다른 데 정신을 뺏기면 몸의 중심이 흔들리기 쉽습니다.

우리 뇌의 전두엽은 사고와 기억을 담당하기도 하지만, 동작을 조율하고 관리하는 역할도 맡고 있습니다. 그래서 생각이 많아져 뇌 활동이 늘어나면 신체 활동에 집중할 여유가 없어져요. 거꾸로 열심히 운동하거나 산책을 하면 흔히 말하는 '잡생각'이 사라지는 경우가 있어요. 전두엽이 몸을 쓰느라 머리를 굴릴 겨를이 없는 거

예요. 머릿속이 복잡해 괴롭다면 길거리나 강가를 따라 걷거나 산에 올라가 보세요. 어느새 쓸데없는 생각과 걱정이 저만치 사라져 있을지도 몰라요.

땀이 날 정도로 움직이면 심장 박동 수가 급증하고 호흡이 빨라집니다. 우리 몸에 산소 공급이 늘어나면서 혈액이 힘차게 순환하죠. 굳어 있던 관절과 근육, 근막도 풀어집니다. 긴장했던 신체가 이완되어 움직임이 점점 자연스러워져요. 걷거나 뛰면 발바닥에 가해지는 압력이 세져 뇌로 가는 혈류량이 늘어나고요. 책상에 오래 앉아 있다가 팔다리를 쭉 펴고 기지개를 켤 때는 몸이 시원해지면서 허리나 목의 피로가 사라집니다. 기분도 한결 풀리는 느낌이에요.

이렇게 내 몸을 원하는 대로 조절할 수 있다는 인식이 쌓이면 육체뿐 아니라 정서적으로도 안정감이 생깁니다. 그래서 몸을 쓸 줄 아는 사람이 자기 효능감도 높대요. 움직임을 연습하고 동작을 완성하는 경험을 통해 내 삶을 내가 관리하고 문제를 해결할 수 있다는 감각을 키우는 겁니다. 제가 운동 후에 느낀, '나는 할 수 있다'는 자신감이 아예 근거가 없었던 건 아니었던 거예요. 몸동작이 기분 전환에 분명 도움이 된 것이죠.

저는 늘 기사를 써야 하는데 취재와 자료 찾기를 끝낸 후 생각이 너무 많아져 글이 쓰이지 않을 때가 있습니다. 이런 증상을 해결하는 저만의 처방전은 밖으로 나가 한참 걷는 거예요. 책상에 앉아서 골똘할 때보다 내용이 잘 정리되면서 새로운 아이디어들이 떠오르거든요. 몸의 활력이 정신의 활력으로 이어진다는 걸 느낄 수 있어요.

내 몸이 어떻게 움직이는지 살펴보는 생활을 하다 보면 내 마음이 어떤 상태인지 의식하는 일도 익숙해집니다. 나를 챙겨 주는 내가 있다는 것만으로도 안도감이 생깁니다. 운동을 한다는 건 나에게, 특히 내 신체에 집중하는 시간을 일부러 갖는다는 의미이기도 하니까요. 운동은 근육뿐 아니라 감정을 회복하는 힘도 키워 줄 거예요. 혹시 지금 너무 많은 스트레스를 받고 있거나 우울하다는 생각이 든다면 몸을 움직여 보세요. 동네 한 바퀴를 걷는 것만으로도 충분해요.

잘 쉬고 잘 자는 것도 운동

관찰 예능 프로그램에 소개된 역도 선수의 하루가 화제가 되었습니다. 매일 훈련하는 생활을 보여 준 것인데 사람들이 가장 놀란 부분은 식사 후 바로 낮잠을 자는 루틴이었어요. 새벽에 일어난 선수는 일곱 시쯤 아침 식사를 하고 숙소로 돌아가 열 시까지 첫 낮잠을 잡니다. 다시 일어나면 몸풀기 운동으로 한 시간 정도 유산소 등 기초 훈련을 하고, 열한 시쯤 단백질을 중심으로 한 점심을 먹습니다. 그리고 두 번째 낮잠을 잡니다. 오후에는 본격적인 근력 훈련과 무게를 점점 늘리면서 들어 올리는 연습을 하고 저녁을 먹은 후 밤에도 늦지 않게 잠자리에 들어요.

운동선수에게 최적인 야간 수면 시간은 아홉 시간 정도라고 합니다. 여덟 시간에서 열 시간은 자야 하는 성장기 청소년만큼 길어요. 낮잠도 훈련 중에 의무적으로 자야 해요. 체력을 보충하며 잘 쉬어야 신체 기능이 좋아져 경기력이 향상되기 때문이에요. 잠도 운동의 일부인 것이죠. 여러분도 밤새워 공부했지만 정작 시험 당일 몸이 안 좋아 문제를 풀다 집중력이 떨어졌던 경험이 있지는 않은가요? 대학 입시와 같이 큰 시험을 앞둔 수험 생활은 체력 관리도 공부만큼 중요하다고 말합니다. 몸을 쓰려면 반드시 쉬면서 회복하는 시간이 있어야 하는 거예요.

잠을 자는 동안 우리 몸은 다양한 일을 합니다. 섭취한 영양을 에너지로 바꾸는 대사 활동 중 파괴된 세포와 조직을 재생하고, 바이러스와 맞서 싸워 몸 안으로 침입하는 것을 막아요. 수면 상태에 들어가면 심장 박동 수와 호흡이 일정해져 심장과 혈관도 튼튼해집니다. 특히 뇌는 잠을 자는 시간에 하루 동안 보고, 듣고, 읽은 것을 정리해서 저장한다고 해요. 심리적으로도 안정되어 가죠.

수면 시간이 부족한 선수는 경기장에서 이동하는 거리와 움직이는 시간이 짧아진다는 연구 결과가 있습니다. 공을 서브하거나 슈팅하는 기술의 정확성도 떨어지고요. 쉽게 피곤해지는 탓에 집중이 되지 않아 부상의 위험도 커져요. 운동선수의 낮잠은 민첩성과 지구력, 인지력과 평정심을 최상으로 끌어 올려 경기에서 좋은 성적을 내기 위한 노력인 거예요. 그래서 감독과 코치는 선수들의 일정을 짤 때 경기에 나가고 훈련하는 시간만큼 휴식과 잠을 위한 시간도 중요하게 배분합니다. 몸을 회복하지 못하면 선수의 페이스를 초과하는 훈련이 되어 경기를 망칠 수도 있으니까요.

지난 2022년 카타르 월드컵이 열렸을 때 한국 국가대표팀 주장이었던 손흥민 선수의 경기 일정에 대해 국제축구선수협회가 공식적으로 우려를 표명한 적이 있어요. 월드컵과 유럽 축구 시즌이 겹치면서 한 달 출전 시간이 무려 600분, 경기장을 따라 여러 도시와 국가를 오가며 이동한 거리가 무려 14만 6000킬로미터였거든요. 시차에 적응할 새도 없이 경기에 나가니 몸이 회복되기도 전에 다시 투입되는 그야말로 살인적 스케줄이었습니다. 당시 손흥민 선수는 얼굴에 골절상까지 입어 검정 마스크를 쓰고 월드컵을 뛰었죠. 운동으로 신체를 단련하는 것만큼 잘 쉬고 잘 자는 것도 몸을 올바르게 쓰는 방법이라는 점을 기억해야 합니다.

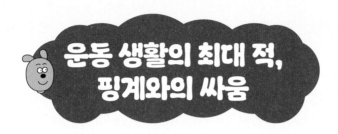

운동 생활의 최대 적, 핑계와의 싸움

막상 운동을 시작하려면 생각해 봐야 할 게 많습니다. 학교 끝나면 학원 가기 바쁘잖아요. 집에 와서 숙제도 해야 하니까 방학이 아니면 시간을 내기가 쉽지 않아요. 어떤 종목을 할지, 어디 체육관이 좋을지 모르겠어요. 비싼 장비나 운동복을 사야 한다면 당장 시작하는 건 무리 같아요. 운동을 못 하는 이유는 얼마든지 찾을 수 있습니다. 그래서 운동은 핑계와의 싸움에서 승리할 때 시작된다고 해요. 운동 최대의 적, 나만의 핑계에 이렇게 반박해 보세요.

집에 오면 잠만 자고 싶어요.
운동까지 하면 너무 피곤할 거 같아요.

힘든 일과를 마치고 집에 바로 가면 무기력한 기분 그대로 잠들기 쉽죠. 시험이 끝난 날이나 학원이 몰려 있는 날은 유독 기진맥진하게 되는데요. 그럴 때 '지친 내 몸을 돌봐 주는 건 나뿐이야'라는 생각으로 운동을 하면 오히려 힘이 생기고 기분이 좋아질 수 있습니다.

종일 책상에 앉아 있으면 어깨를 비롯한 몸 전체의 근육이 바짝 긴장하게 됩니다. 근육과 근막이 계속 수축된 상태로 생활하다가는 등, 허리가 아픈 것을 넘어 두통이 올 수도 있어요. 앞서 이야기했듯 신체는 근막으로 연결되어 있어 한쪽이 긴장되면 다른 쪽에도 영향을 주는 탓이에요. 긴장감은 그냥 두면 풀어지지 않습니다. 이완을 위한 루틴이 필요해요. 스트레스와 걱정 역시 이완하지 않으면 정신적 피곤으로 쌓입니다.

운동은 물리적인 회복 과정인 동시에, 우리의 마음을 힘들게 했던 일상과 분리되어 휴식을 취할 수 있는 시간입니다. 몸을 움직여 흘린 땀을 씻고, 집까지 돌아오는 동안 '종일 힘들었던 나'는 '그런 자신을 돌봐 준 나'로 바뀌어 하루를 마무리합니다. 몸과 마음이 지쳤던 상태에서 잠시 벗어날 수 있게 하는 완충 지대가 운동인 거예요.

머릿속을 가득 채웠던 생각들은 운동하는 동안 '허벅지 근육이 터질 것 같아!' '목이 너무 마른데?' '빨리 끝내고 시원하게 샤워하고 싶어'라는 본능적인 생각들에 밀려나버립니다. 운동을 마칠 즈음엔 몇 가지 고민은 새까맣게 잊어요. 사실 그렇게까지 걱정할 일도, 중요한 일도 아니었던 것이겠죠.

일단 현관문을 나서거나 방에 매트를 펼칠 힘이 있다면 충분합니다. 몸을 움직이느라 걱정을 멈추면 피로가 사라지면서 다시 나아갈 힘이 생길 거예요. 스스로 내 몸을 토닥여 주세요. 운동하지 못한 날이 더 힘들고 피곤하다는 걸 경험하게 될 겁니다.

체력이 저질이라
몸을 움직이는 게 힘든걸요?

'근수저'가 아니라면 '내 몸은 운동하기 딱 좋은 것 같다'고 생각하는 사람은 드물 거예요. 사람마다 체형과 체력이 다르니 운동을 배우는 속도도 제각각이거든요. 저는 처음에 스쿼트를 할 때 '무릎이 발보다 앞으로 나가지 않게 앉아 보라'는 강사님의 말이 이해조차 안 되었어요. 그런데 옆에 있던 친구는 한 번에 해내더라고요. 한 다리로 선 채 허리를 굽히고 두 팔과 나머지 다리를 앞뒤로 뻗어 몸을 T자 모양으로 만드는 전사3 자세는 참 힘들게 완성했는데 요가원에 온 첫날 완성하는 분도 있었죠. 남보다 못해서 속상하기보다는, '내 몸은 이렇구나' 하며 몰랐던 사실을 깨달았습니다. 나만의 속도로 체력과 실력을 쌓아 나가는 게 운동입니다. '나도 잘하고 싶다'는 의지가 생기면 느린 만큼 더 효과적인 방법을 찾으면 됩니다.

저질 체력이라 생각하는 것도 남과 비교했을 때, 전지적 나의 관점에서 그렇게 판단한 건 아닌가요? 그래서 혹시 부끄러워 운동을 안 하고 있다면 내가 잘할 기회를 스스로 뺏은 건 아닌지 생각해 보세요. 운동은 잘하는 사람에게만 자격이 주어지는 활동이 아니에요. 누구나 처음은 어려워요. 실수도 하죠. 꾸준히 노력한 시간이 결과로 나타날 뿐이에요. 남과 비교하는 시선보다 나에게 집중하는 순간이 더 중요합니다. 몸을 움직여 에너지를 얻는 재미를 느끼다 보면 체력은 어느새 부쩍 성장해 있을 거예요. 운동으로 축적해 놓은 활력으로 공부도, 게임도, 놀이도 더 즐겁게 할 수 있답니다.

저는 타고난 골격이 장대하지 않습니다. 운동은 오래 했지만 체격과 몸무게에 드라마틱한 변화도 없어요. 반면 보이지 않게, 저만 아는 변화는 꽤 큽니다. 어느 날부터인가 '어, 이제는 밤이 되어도 그렇게 지치지 않네'라고 생각하게 되는 거예요. 체력이 좋아지면서 활기찬 생활을 하게 되었습니다. 여러분이 생각하는 '저질 체력'이 사실 '저질 활력'일 수도 있어요.

운동으로 활력을 되찾는 경험을 어릴 때부터 하면 습관을 만들 수 있습니다. '세 살 버릇 여든까지 간다'는 속담처럼 '운동하지 않으면 안 되는 몸'으로 길들여 놓는 겁니다. 지금까지와 다른 방식으로 몸을 쓰거나 낯선 경기 규칙을 배우는 데 익숙해지면 어른이 되어서도 새로운 종목에 도전하는 게 편해져요. 처음에는 생소해도 금방 적응할 수 있다는 자신감이 생깁니다. 해 봤다가 실패한다 해도 그만두고 다른 운동을 찾으면 될 뿐, 아무 일도 일어나지 않는다는 것을 알고 있으니까요.

~~~~~~~~~~~~~~~~~~~~~~~~~~~~~~~~~~~~

운동은 하고 싶죠. 하지만 시간이 없는걸요?

공부하다 잠시 쉴 때는 무엇을 하나요? 영상을 보거나 SNS를 하며 스트레스를 푸는 사람이 많을 거예요. 그때 운동을 떠올려 볼 수 있습니다. 시간이 없어도 '이것만 끝내면 영상 볼 거야!' 하고 마음먹는 것처럼, 운동을 최우선에 둔다면 어떻게든 짬을 낼 수 있죠.

요즘 학생들은 어른보다 바쁜 하루를 보내는 경우가 많아서 심리적으로 여유가 없을 수도 있어요. 학교에 학원도 가야 하는 평일에 도저히 시간을 내기 힘들다면 주말 오전이 좋은 기회입니다. 운동으로 땀을 먼저 흘리고, 낮에는 다른 일을 하는 겁니다. 그렇게 1주일에 한 번, 한 시간 정도 집 안에서든 밖에서든 몸을 움직이겠다는 계획을 세워 보세요. 저는 평일 하루는 꼭 시간을 비워 놓아요. 요가를 가기 위해서예요. 약속 날짜를 바꿀 수 없다면 수련 후에 친구를 만나기도 하고요.

운동할 시간은 없지만 스마트폰은 하루 두세 시간씩 붙잡고 있게 되죠. 해야 할 일이 많을 때도 보고 싶은 OTT 시리즈가 나오면 새벽까지 몰아서 보기도 해요. 무엇이든 너무 좋아하면 할 일을 미루고, 잠을 줄여 가면서 하게 되니까요. 운동보다 재밌는 활동이 있을 뿐 시간 자체가 없지는 않을 겁니다. 정말 재밌는 운동을 만나게 되면 하고 싶다는 절박함이 시간을 알아서 만들어 줄 거예요. 운동을 안 하면 좀이 쑤셔서 자는 시간이나 스마트폰, 게임 하는 시간을 줄여서라도 인생 운동을 하러 가게 될 겁니다.

이것저것 해 봤는데
저한테 맞는 운동은 없는 거 같아요.

나에게 맞는 운동을 찾기 전에 해야 할 일이 있습니다. 나는 어떤 사람인지 질문해 보는 겁니다. 혼자 조용히 있는 게 좋은 사람이 있고, 여럿이 모여 같이 노는 걸 좋아하는 사람이 있죠. 운동도 MBTI처럼 각자의 스타일이 있습니다. 스스로 정한 목표를 달성하기 위해 홀로 훈련하는 과정을 즐기는 사람이 있고, 상대와 승부를 겨루는 스포츠에서 쾌감을 느끼는 사람이 있어요. 시간 날 때마다 자유롭게 운동하러 가는 게 편한 사람도 있지만, 일정을 정해 놓고 코치나 트레이너가 엄격하게 시켜야만 움직일 수 있는 사람도 있습니다. 선호하는 수업 방식이 1대 1과 단체로 나뉘기도 하고요. 여러분은 어느 쪽인가요?

나의 성향을 알면 인생 운동에 접근하기 쉬워집니다. 체중 감량, 체격 키우기 (벌크 업), 희망하는 동작 완성 등 목표가 있다면 구체적인 방법을 찾아볼 수 있죠. 이왕이면 많은 스포츠를 경험해 보는 것 자체가 운동의 목적이 될 수도 있어요. 무엇이든 나만의 기준점을 만드는 게 중요합니다.

맞는 운동이 없다는 건 자신에게 맞는 종목이 무엇인지 아직 모르는 것일 가능

성이 가장 커요. SNS 계정에 올릴 사진을 고를 때만 해도 찍어 놓은 수십 장 중에 겨우 한 장 건질 때가 많잖아요. 단 하루, 딱 한 번 운동해서 운명적인 종목을 발견하기는 힘듭니다. 많이 해 보고 도전하다 보면 나도 몰랐던 나의 흥미를 찾을 수 있는 거예요.

흥미가 생기지 않았던 종목도 내가 좋아하는 것을 찾는 기회로 삼아 보면 도움이 된답니다. 예를 들어 체육 시간에 배구를 하고 '재미없네' '나랑 안 맞아'라고 느꼈다면 왜 그랬는지 살펴보세요. 혼자 공을 던져서 받아 내는 토스만 연습해서 그런 게 아닐까요? 스파이커가 되어 경기를 뛰었다면 더 재밌지 않았을까요? 만약 이런 생각이 들었다면 진짜 게임을 한번 해 보는 거예요. 팀에서 내가 잘할 수 있는 포지션을 맡아 경기를 뛰면 배구를 사랑하게 될 수도 있잖아요.

운동을 계속하는 가장 큰 이유는 재미입니다. 아무리 취미로 하는 운동이라 해도 성장하는 느낌이 들지 않으면 재미가 없기 마련이죠. 그래서 잘하는 종목, 다른 때보다 칭찬을 많이 듣거나 조금만 더 연습하면 잘할 수 있을 듯한 운동을 하는 걸 추천합니다. 남들이 써 놓은 운동 후기를 참고하기보다 체험 수업에 들어가 직접 해 보는 것이 훨씬 좋습니다.

용돈이 적어서
운동까지 하려면 빠듯해요.

거창하게 스포츠 센터에 등록해야 운동을 할 수 있는 건 아니에요. 집 근처 골목길이나 산책로를 따라 뛰는 것부터 시작하면 됩니다. 버스나 지하철을 타고 가다가 시간이 있다면 한두 정거장 먼저 내려 빨리 걸어서 목적지에 가는 것도 운동이 되죠.

한 달에 1~2만 원 정도 쓸 수 있다면 지역 국민체육센터에서 진행하는 프로그램에 참여해 봐도 좋아요. 동네마다 찾아보면 동호회도 있습니다. 취미, 중고 거래, 커뮤니티 애플리케이션에서 그룹 또는 클럽을 검색하거나 종목별 협회 홈페이지, 지방자치단체 체육 시설 안내 페이지에서 스포츠 센터를 찾으면 됩니다. 대한체육회에서 운영하는 유·청소년클럽리그(i-League)도 있어요. 전문 선수로 등록되지 않은 다양한 연령대의 청소년으로 구성된 지역별 리그예요. 농구, 야구, 축구, 배드민턴, 테니스, 탁구, 당구 등이 있습니다.

운동을 숙제나 과제처럼 '해내야 하는 것'이 아니라 재미있는 일상을 만드는 작은 습관으로 생각하면 어떨까요? 혼자서 해 보다가 더 잘하고 싶은 욕심이 생길 때 센터에 가서 배워도 괜찮습니다. 스스로 터득한 움직임의 감각은 평생 여러분 몸에 남아 있을 테니까요. 그렇게 어른이 되어 경제적으로 자립했을 땐 나를 위한, 나의 몸을 위해 쓰는 돈이 아깝지 않다는 생각을 하게 될 겁니다. 운동하느라 쓰는 돈보다 몸이 망가져 회복하는 데 드는 치료비가 훨씬 더 비싸거든요. 또 좋은 선생님을 만나 제대로 운동을 하면 부상의 위험 없이 정확한 기술을 얻을 수 있으니 이만큼 좋은 투자는 없을 거예요.

피겨? 아닙니다?

피겨 선수처럼 예쁘지 않아서 봤습니다

선수가 아니고도 경기에 잘 수 있군요

야외과 빠르하기가 좀있는 줄 알

여러분의 장래 희망은 무엇인가요? 초등학생들의 1순위는 운동선수라고 해요. 2019년부터 몇 년째 1위 자리를 지키고 있어요. 의사나 유튜버보다도 순위가 높습니다.

프로 축구나 야구에서 선수들이 활약하는 모습은 정말 멋지죠. 사람들을 울고 웃게 할 정도로 흥미진진한 플레이를 펼쳐 경기에서 승리하는 장면을 보면 '나도 저런 사람이 되고 싶다!'는 마음이 절로 들어요. 유명 구단에서 세계적인 선수들과 어깨를 나란히 하며 실력을 인정받는 한국 선수들은 정말 자랑스럽잖아요. 성과만큼 엄청난 연봉도 받고, 올림픽과 월드컵에 국가대표로 출전하면 국민적인 사랑을 받죠.

스포츠를 즐기다 보면 직접 운동장을 뛰어 보고 싶어지기도 합니다. 전업 선수까지는 아니더라도 학생 리그에 참가하려고 팀에 들어간 친구들도 있을 거예요. 지역마다 수많은 스포츠 동호회가 있고, 1년 내내 학생·직장인 아마추어 리그가 열리고 있습니다. 혼자 하는 운동도 재밌지만 운동으로 우승하는 경험까지 하면 정말 행복하죠.

프로? 아마추어?

운동을 하는 이유

흔히 프로와 아마추어를 나누는 기준을 실력 차이라고 생각하지만, 운동하는 이유와 방식에 따라 구분하려고 생긴 말입니다. 아마추어Amateur는 '어떤 것을 좋아하는 사람'을 뜻하는 라틴어 아마토르Amator에서 유래했습니다. 순수하게 운동이 좋아서 하는 거예요. 반면 전문적(Professional)이라는 말을 줄인 프로Pro는 직업이 운동인 사람들이죠. 프로 선수들도 운동을 좋아하지만, 즐길 수 없는 순간이 오더라도 그만둘 수 없고 뛰어야 하기에 아마추어와 다른 책임감을 갖습니다.

　선수를 프로와 아마추어로 나누게 된 건 1800년대부터라고 해요. 당시 유럽의 축구와 럭비 등은 상류층 자녀들이 다니는 학교에서 가르치는 과목이었습니다. 운동을 통해 건강한 신체를 만들고 규칙을 지키는 법, 동료들과 소통하는 법, 최선을 다하는 법을 교육했죠. 특히 스포츠에서 가장 중요한 것이 매너잖아요. 경기가 끝나면 조금 전까지 싸우던 상대편과 악수를 하고 서로 격려하는 게 예의였습니다. 이긴 팀은 겸손하게 상대를 배려하고, 진 팀은 패배를 인정하며 상대의 승리를 축하할 줄 아는 사람이 될 수 있게 운동을 가르친 거예요.

'경쟁은 다른 사람 위에 서기 위한 것이 아니라 스스로 성장하기 위한 것이다.' 이것이 바로 아마추어 정신입니다. 처음 스포츠 대회 참가자는 모두 아마추어였어요. 그러다 축구협회가 개최한 FA컵(Football Association Cup, 프로와 아마추어를 통틀어 진행하는 토너먼트 축구대회)이 시작되고 경쟁이 치열해졌죠. 팀을 나눠 열광적으로 응원하는 팬들도 생겼어요. 경기의 흥행을 위해 과정보다 승리라는 결과가 중요해졌습니다. 팀을 널리 알리고 팬을 늘리려면 돈을 주고서라도 실력이 뛰어난 선수를 구단으로 데려와야 했어요. 스포츠를 즐기기만 하는 게 아니라 전문성을 갖춰 대가를 받고 경기에 참여하는 프로 선수가 활약하게 된 거예요. 나중에는 아마추어 없이 프로들만 참가하는 리그가 탄생하면서 근대 스포츠는 상업화되어 크게 성장했습니다. 골프, 복싱 등 다양한 종목으로도 확대되었죠.

그렇다고 아마추어 정신이 완전히 사라진 것은 아닙니다. 돈을 벌기 위해서가 아니라 명예를 위해 올림픽, 아시안게임 같은 세계적인 대회에 도전하는 선수들은 많아요. 2023년 항저우 아시안게임 콤파운드 양궁(양 끝에 도르래 역할을 하는 도구가 달려 있어 적중률이 높은 활) 종목에서 은메달을 두 개나 딴 주재훈 선수는 원래 직업이 청원경찰입니다. 일하면서 취미로 양궁 동호회에 들어가 처음 활을 쏴 봤다고 해요. 너무 재미있어서 혼자 장비를 마련해 연습한 지 7년 만에 국가대표가 되었습니다. 아시안게임을 나가기 위해 1년간 휴직하고 훈련에 열중했다가, 대회가 끝나고는 다시 직장인으로 돌아갔어요.

한국에서는 어린 시절부터 운동만 해 온 선수가 아닌 사람이 국가대표가 되는 일이 낯설지만 외국에서는 흔합니다. 2021년에 열린 도쿄 올림픽에서 동메달을 딴 미국 육상 선수는 원래 전염병학자였대요. 일본 국가대표 농구 선수 중에는 회사 사장님이 있었고요. 2023년 WBC(월드 베이스볼 클래식)에 출전한 체코팀 선수들도 대부분 의사와 소방관, 교사 등 '본업'이 있었습니다. 평창 동계올림픽에 참가한 캐나다 여자 컬링 국가대표팀에는 간호사와 디자이너가 있었고, 덴마크 남자 컬링팀 선수들은 항공기 기술자, 재무설계사, 개발자였대요. 독일 스피드 스케이팅팀에서는 경찰관인 선수가 주목을 받았는데 그동안 올림픽에서 딴 금메달이 무려 다섯 개였

다고 합니다.

　한국에 일반인 국가대표가 흔치 않은 건 이른바 '엘리트 선수'가 많기 때문이에요. 초등학생 때 학교 육상·축구팀 등에 들어가 체계적인 훈련을 받는 선수들입니다. 고등학교까지 선수 생활을 한 후 대학에 가지 않고 바로 실업팀에 들어가 프로로 데뷔하는 경우도 많아요. 그러다 보니 스포츠 경기에 나가는 것은 어릴 때부터 실력을 쌓아 온 특별한 사람만 가능하다고 생각하게 된 거예요. 하지만 다른 직업을 가진 외국의 국가대표들을 보면 꼭 그렇다는 법칙은 없다는 걸 알 수 있죠.

　요즘은 전직 선수들이 만든 FC(축구팀)나 지방자치단체에서 운영하는 어린이·청소년팀에 들어가서 운동을 배우기도 합니다. 방학 때 전지훈련을 가 본 친구들도 있을 겁니다. 실력을 키우고 싶은 학생들은 전국학교대항대회, 연맹회장기 선수권대회, 지자체대회 등에 출전하죠. 1년 중 가장 큰 경기는 전국소년체육대회(전국소년체전)와 실업팀까지 참가하는 전국선수권대회라고 해요.

　이런 대회에 매번 참가하려면 학교 수업을 빠져야 하는 날도 있고, 방과 후 훈련을 하느라 친구들과 만나서 놀 시간도 많지 않습니다. 운동하고 늦은 저녁 집에 돌아와 밀린 숙제와 공부를 해야 하니 다른 친구들보다 힘든 게 사실이에요. 반면 매일 운동을 하니까 튼튼한 체력을 얻고 다른 학교 선수들과 만나면서 다양한 친구를 사귈 기회가 생깁니다. 자신의 한계를 깬 기록을 남기거나 승리하는 보람을 느낄 수 있고, 재미있는 일상을 만드는 취미가 되기도 해요.

　주재훈 선수는 메달을 딴 뒤 한 인터뷰에서 "시작하지 않으면 재능이 있는지 없는지조차 몰라요. 하고 싶은 게 있다면 시작해 보세요"라고 말했습니다. 좋아하는 운동을 포기하지 않고 하면 노력은 배신하지 않을 거라고요. 즐거운 아마추어 활동은 운동의 기쁨을 알려 줄 겁니다. 실력 좋은 프로 선수라도 아마추어의 도전하는 즐거움을 이길 수 없을지 몰라요. 앞으로 중학교에서는 한 가지 종목을 정해 방과 후에 해 볼 수 있는 스포츠클럽 활동 시간이 늘어난다고 해요. 이런 기회를 한껏 누리면서 참여하다 보면 나에게 맞는 운동을 찾을 수 있을 거예요.

프로 선수처럼 잘하지 않아도 됩니다

뉴스포츠의 세계

모두가 프로 선수만큼 잘할 수는 없고, 그런 수준의 실력을 목표로 할 필요도 없죠. 프로 선수의 기량은 아마추어가 흉내 내기 힘들 정도로 복잡하고 전문적이에요. 기술력을 높이기 위한 운동 장비가 너무 많거나 굉장히 비싸죠.

스포츠 종목은 많은 사람이 즐길 수 있어야 생활 체육으로 확대되어 더 발전합니다. 그래서 프로 스포츠도 누구나 배워 즐길 수 있게 하자는 목적으로 '뉴스포츠'라는 장르가 등장했어요. 경기장 크기와 장비를 간편하게 줄여 청소년도 일반인도 쉽게 도전할 수 있습니다. 경기 규칙은 단순하게 바꿔 공격과 수비 교대를 빠르게, 득점이 더 많이 나게 해요. 학교에서 체험하기 좋은 종목이라 수업 시간에 해 본 친구들도 많을 거예요.

뉴스포츠는 계속 개발되고 있습니다. 가장 대표적인 종목이 축구를 변형한 풋살Futsal입니다. 축구는 열한 명이 팀을 이루지만 풋살은 절반가량인 다섯 명입니다. 이 중 한 명이 축구에서 골키퍼라고 부르는 골레이루 역할을 맡죠. 풋살장은 축구장의 4분의 1 크기이고, 전·후반은 각 20분으로 45분씩 주어지는 축구보다 경기 시간이 짧습니다.

규칙에도 차이가 있어요. 풋살에선 오프사이드가 없습니다. 상대편 최종 수비수보다 앞에서 공을 받아도 괜찮아요. 보통 아마추어 축구팀이 풋살로 경기를 즐기고 있습니다. 아마추어 농구에서 즐기는 넷볼Netball도 몸싸움이 격렬한 농구를 다치지 않고 할 수 있게 변형한 뉴스포츠예요. 넷볼에 대한 이야기는 4장에서 자세히

해 볼게요.

야구를 단순하고 쉽게 바꾼 뉴스포츠도 많은데요. 그중 티볼Tee-ball은 투수가 없습니다. 타자가 허리 높이의 막대기인 배팅 티 위에 직접 공을 올린 후 타격해 출루하는 방식으로 점수를 냅니다. 티볼공과 티볼 배트는 야구공, 야구 배트보다 부드러운 재질이어서 글러브 없이 맨손으로 던지고 받을 수 있습니다.

한국에서 '주먹야구'라고 하는 베이스볼5도 고무공만 있으면 어디서든 야구와 비슷한 경기를 할 수 있게 만든 뉴스포츠입니다. 5대 5로 진행하는데 투수와 포수, 글러브뿐 아니라 배트와 같은 장비도 필요가 없는 게 특징이죠. 오로지 맨손과 맨몸으로 공을 치고 받아 냅니다. 다섯 명이 돌아가면서 타석에 서기 때문에 일반 야구보다 공격과 수비 전환이 훨씬 빨라 재밌습니다. 2018년 부에노스아이레스 하계청소년올림픽에 시범 도입되었고, 2026년 다카르 하계청소년올림픽에서 정식 종목으로 채택되었다고 해요.

테니스와 배드민턴, 스쿼시의 장점만 모은 스피드 배드민턴이라는 뉴스포츠도 있습니다. 줄여서 스피드민턴Speedminton이라고 해요. 네트를 쓰지 않고, 라켓은 배드민턴보다 길쭉한 타원형이라 공이 닿는 면적이 넓어요. 바람이 불면 밖에서 치기 어려운 셔틀콕 대신 플라스틱으로 만든 스피더를 사용합니다. 스피더에 바람의 저항을 줄여 주는 윈드링을 끼우면 더 역동적인 경기를 즐길 수 있어요. 형광 장치를 달면 야간 경기도 가능하고요. 공간과 시간의 제한 없이 어디서든 칠 수 있죠.

배구를 변형한 킨볼Kin-ball은 정말 간단한 규칙으로 누구나 즐길 수 있어요. 네 명이 한 팀이 되고 총 세 팀이 아주 크고 가벼운 공을 주고받으며 승부를 겨루는 종목이에요. 팀원과 협동해 신체 어디든 상관없이 공을 받아 내면 됩니다. 공을 바닥에 떨어뜨리는 팀이 진 겁니다.

하키나 아이스하키와 경기 방식은 비슷하지만, 위험한 요소를 없앤 실내 종목인 플로어볼Floorball도 있어요. 필드 선수 다섯 명과 골키퍼 한 명이 한 팀을 이루어, 말랑한 플라스틱 스틱으로 작은 공을 몰고 가 상대편 골대에 넣으면 득점합니다.

원반던지기 놀이로 만든 뉴스포츠 플라잉 디스크Flying disc도 재밌습니다. 디스크 종류에 따라 경기 방식이 다양한데, 경기장 끝에 있는 상대 진영까지 우리 팀의 원반을 무사히 가지고 가면 점수를 얻는 얼티미트Ultimate가 가장 유명합니다. 디스크를 땅에 떨어뜨리지 않고 패스하면서 앞으로 가는 게 규칙이에요. 이때 수비는 날아가는 디스크를 빼앗아 공격 기회를 가져옵니다. 럭비와 비슷하지만 선수들끼리 신체 접촉을 할 수 없다는 점이 달라요. 얼티미트 외에 가장 적은 횟수로 디스크를 던져 바구니에 넣는 것을 겨루는 디스크 골프Disc golf 등이 있습니다.

선수가 아니어도
경기에 설 수 있어요

스포츠 전공과 직업

스포츠에 참여하는 방식은 여러 가지입니다. 선수만 떠올리기 쉽지만, 경기장 뒤에는 더 많은 사람이 있습니다. 직접 뛰는 것 못지않게 승리에 결정적인 역할을 하죠. 스포츠는 몸과 머리, 마음을 모두 쓰는 일이거든요.

프로 구단에는 최고의 경기를 위해 꾸려진 전력 분석팀이 있습니다. 감독과 코치를 중심으로 우리 팀과 상대 팀이 그동안 어떻게 싸웠는지, 어떤 선수들로 구성되었는지, 선수들의 상태는 어떤지 등을 분석합니다. 경기에 영향을 미칠 수 있는 모든 정보를 파악하는 거예요. 영상, 기록과 같은 데이터에 기반해서 우리 팀이 경기의 흐름을 주도할 수 있는 전술을 짭니다.

이런 전력 분석이 주목받게 된 사건이 있습니다. 미국 메이저리그에서 언제나 하위권이었던 오클랜드 애슬레틱스라는 야구팀이 갑자기 한 달여 만에 20연승을 거둬 모두를 깜짝 놀라게 한 거예요. 비결은 바로 타자의 출루율을 분석해 타석 순서를 정한 전략이었습니다. 출루를 해야 득점할 수 있는 야구에서 타자를 평가하는 가장 중요한 요소는 안타와 홈런이었는데요. 오클랜드는 데이터 분석을 통해 스트라이크가 아닌 볼을 네 번 얻어 내도 같은 기능을 할 수 있다는 점을 알아냈습니다. 안타나 홈런으로 점수를 내는 타자뿐 아니라 공을 잘 골라내 볼넷을 만드는 타자의 능력을 활용할 수 있게 타석을 정비했고, 연승을 이어 갔습니다. 이 기적 같은 이야기는 영화 〈머니볼〉로 만들어지기도 했답니다.

스포츠 경기를 완성하려면 심판과 운영 요원도 필요합니다. 학생 선수들이 출전하는 대회의 심판이 되어 보고 싶지 않나요? 초등학교 4학년부터 누구든 진짜 심판이 될 수 있어요. 대한체육회에서 이론과 실기 수업을 듣고 이수증을 받으면 교내 시합, 학교 대항 스포츠클럽대회 등에서 심판과 운영 요원으로 활동할 수 있습니다. 줄넘기와 플라잉 디스크, 피구, 족구, 배구, 농구, 축구, 플로어볼, 핸드볼 심판 과정이 있는데 앞으로 종목이 더 늘어날 거라고 해요.

한편 경기를 중계로 보는 사람들에겐 현장을 생생하게 전달하는 캐스터의 말 한마디가 큰 재미죠? 한 경기를 여러 방송사에서 중계하면 제일 흥미진진한 해설을 골라 보게 됩니다. 캐스터는 아나운서와 함께 그날 경기에 출전한 선수를 소개하고, 경기 흐름을 예측해요. '아는 만큼 보인다'는 속담처럼 선수들의 전적, 컨디션, 이번 경기 결과가 다음 경기에 어떤 영향을 미치는지를 전달해서 경기를 더 풍부하게 즐기도록 돕습니다.

  중계방송을 잘하려면 종목을 완벽하게 파악해야 합니다. 쉽게 설명하는 소통 능력도 필요해요. 경기는 언제나 결과를 예상할 수 없으니 순발력과 재치가 있어야 하고요. 오늘의 경기가 선수나 팀에 어떤 의미가 있는지, 왜 이런 전략을 구사하는지 알아야 합니다. 꾸준히 공부하고 부지런히 자료를 모으는 사람이 더 좋은 중계를 할 수 있죠. 캐스터는 혼자 스포츠 방송을 보고 연습하거나 학원에 다니며 준비하기도 합니다.

  코치가 되어 운동을 가르치며 스포츠에 참여하는 길도 있습니다. 체육 전공자가 아니어도 2급 생활스포츠지도사 자격증을 따면 됩니다. 만 18세 이상이면 누구나 체육 강사가 될 수 있어요. 스포츠교육학·스포츠사회학·스포츠심리학·스포츠윤리, 운동생리학·운동역학, 한국체육사 가운데 다섯 과목을 선택해서 필기시험에 합격하면 65개 종목 중 한 종목을 선택해 세네 가지 질문에 답하는 구술시험을 봅니다. 여기까지 통과하면 트레이닝 방법 등에 대한 이론과 종목별 현장 실습 수업을 90시간 들어요. 수강생의 나이, 운동 수준에 따라 지도하는 능력을 기르는 거예요.

스포츠 인구가 늘어나면서 새로운 직업도 생겼어요. 불편했던 신체나 정신적인 문제를 운동으로 풀어 가는 운동재활, 여기에 과학적인 연구를 더한 스포츠건강재활을 전문으로 다루는 기업과 기관이 많아진 덕분이에요. 활기찬 생활법을 알려 주고, 심리적 회복이 필요한 사람에게 어떤 운동이 좋은지 상담해 주는 곳들이죠. 운동 처방이라고 보면 되겠네요. 체형 교정, 손으로 근육과 관절 등의 통증을 덜어 주는 도수치료가 가능한 스포츠 클리닉 또한 많아졌습니다. 한국의 평균 소득이 높아지면서 삶의 질을 위해 노력하는 사람들이 늘어나 건강과 운동을 향한 관심이 커졌기 때문이에요.

스포츠 마케터라는 직업이 주목받는 것도 비슷한 이유입니다. 인기 있는 프로 선수나 스포츠를 활용해 기업과 제품이 좋은 이미지를 얻을 수 있도록 하는 업무를 맡는데요. 특정 종목, 어떤 선수의 팬들이 고객이 될 수 있게 홍보합니다. 대회를 후원하거나 직접 경기를 개최해 스포츠의 인기를 기업의 경쟁력으로 만들죠.

　운동·스포츠와 관련된 일을 하고 싶다면 대학에서 스포츠 분야를 전공하는 것도 도움이 됩니다. 체육학과·체육교육과·사회체육과·생활체육과·운동처방재활학과·스포츠과학과·스포츠레저학과 등 다양해요. 스포츠를 산업 측면에서 공부하는 스포츠경영학과·스포츠마케팅학과·스포츠산업학과·글로벌스포츠산업학부도 있습니다. 내가 하고 싶은 역할에 맞춰 진로를 찾아보세요.

응원과 호루라기가 없는 게임

시각 장애인 축구와 수어 코칭

축구장에 '챙, 챙, 챙' 쇳조각이 부딪히는 소리와 "보이Voy!"라는 외침이 가득합니다. 관중석에는 관중이 꽉 차 있지만, 모두 조용합니다. 시각 장애인 축구팀이 경기하는 모습은 이렇습니다. 시각이 아닌 청각으로 전술을 펼치죠. 보이지 않는 세상에서도 팀워크를 만들어 승리를 향해 달려갑니다. 상대의 골문을 열기 위한 선수들의 투지는 똑같습니다.

시각 장애인 축구는 풋살장과 비슷한 크기인 길이 40미터, 폭 20미터 구장에서 합니다. 다섯 명이 한 팀이 되죠. 일반 축구랑 가장 다른 점은 축구공이에요. 공 안쪽에 '캡'이라 부르는 주머니가 세네 개 붙어 있는데 캡 안에는 쇠 방울이나 쇳조각으로 만든 칩들이 들어 있어요. 선수들은 공이 움직이면서 칩이 부딪혀 나는 소리로 공을 찾습니다.

보지 않고 듣는 이 축구 경기에는 또 한 가지 소리가 있습니다. 수비수가 외치는 "보이!"입니다. 스페인어로 '간다'라는 뜻이래요. 이 소리로 공격자에게 자신의 위치를 알리는 건데, 그러면 공격수는 공의 소리로 상대 수비수를 속여 방향을 바꾸거나 빠른 드리블로 제치며 골대로 향합니다. 절대 내서는 안 되는 소리도 있어요. 바로 관객의 목소리예요. 목청껏 응원하고 싶어도 참아야 해요. 이런 행동은 선수들이 경기에 필요한 소리를 듣는 데 방해가 되기 때문입니다. 골을 넣은 후 환호하는 것은 괜찮습니다.

안경이나 렌즈를 끼면 남아 있는 시력으로 빛을 감지할 수 있는 저시력 선수와 달리 아무것도 볼 수 없는 선수들이 출전하는 전맹 축구는 패럴림픽Paralympics 정식 종목입니다. 패럴림픽은 하반신 마비를 비롯한 신체적 장애가 있는 선수들이 나가는 올림픽이죠.

'월드 사일런트 게임World Silent Games'이라 불리는 청각 장애인 올림픽, 데플림픽Deaflympics은 4년마다 열립니다. 모든 경기에서 호루라기와 마이크를 사용하지 않아요. 출발 등 신호가 필요할 때는 깃발을 흔들거나 조명으로 표시합니다. 관중들은 파도타기처럼 몸으로 응원을 표현해요. 선수와 코치는 수어와 입 모양으로 소통합니다. 서로 다른 언어를 쓰는 농인과 청인 사이는 스포츠 수어 통역사가 연결해 줍니다. 운동과 관련한 용어를 잘 알고 있어 훈련이나 경기 내용을 정확히 주고받을 수 있도록 통역해요. 선수가 능력을 최대치로 발휘하는 데 매우 중요한 역할을 합니다.

운동 효과는 자기 몸을 이해하고 스스로 느껴야 높일 수 있잖아요. 내 몸의 일부라도 삼두근, 코어 등 신체 각 부위를 처음부터 정확히 알고 제대로 힘을 쓰기는 어렵죠. 예를 들어 코어를 쓰기 위해서는 복부와 그 주변에 힘을 주는 법부터 터득해야 하고 몸의 중심을 단단하게 만드는 데까지 꽤 오랜 시간이 걸립니다. 그런데 수어에는 '코어'라는 말조차 없다고 해요. 청각 장애인이 자신의 몸을 정교하게 쓰는 법을 익히는 것은 더 큰 노력이 필요할 일일 겁니다.

스포츠 분야의 수어 통역사가 되고 싶다면 전문적인 교육 과정을 통해 배울 수 있어요. 수어 통역사들은 농인들에게 인기 있는 종목인 볼링과 게이트볼Gateball(나무망치로 공을 쳐서 세 개의 문을 차례로 통과시키고, 마지막으로 중앙 골대에 맞히면 이기는 경기)에서 가장 활발하게 활동하고 있습니다.

다양한 종목을 배울 수 있는 운동 전문 플랫폼인 '위밋업스포츠'

에서는 모든 강사가 필수적으로 수어 교육을 듣는다고 해요. 은퇴한 운동선수 출신인 강사들은 몸과 종목에 대해 모르는 게 없지만, 수강생이 청각 장애인일 경우 인사도 나누지 못하는 상황이 될지 모르니까요. 수어는 표정, 손의 각도, 어깨에 얼마나 힘을 넣는지에 따라 의미가 달라진다고 합니다. 운동 강사가 자신의 뜻을 수어로 완벽하게 전달할 순 없겠지만, 먼저 인사를 건넬 수 있다면 청각 장애인들이 편한 마음으로 수업을 오는 데는 분명 도움이 될 거예요. 누구나 내 몸 쓰는 법을 쉽게 배울 수 있도록 장벽을 없애면 더 다채로운 스포츠 세계가 열리지 않을까요?

스포츠의
미래를 만드는 기술

2024년 KBO(한국야구위원회)리그에서 로봇이 세계 최초로 심판을 봤습니다. 포수 뒤에 서 있는 주심 대신, 카메라가 투수가 던진 공의 궤적과 속도를 분석해 스트라이크인지 볼인지 판단합니다. 자동 볼/스트라이크 판정 시스템 (Automatic Ball-Strike System, ABS)이라고 하는데 한국 프로 야구 정규 경기의 공식 심판으로 처음 등판하게 되었습니다. 미국에서는 독립리그나 마이너리그에 시범 투입된 단계이고 메이저리그 경기에 등장한 적은 없어요.

하지만 로봇 심판은 꽤 오래전에 태어났답니다. 2001년 메이저리그에 도입된 퀘스텍QuesTec이라는 프로그램이 처음이었습니다. 2008년 기능이 더 정교해진 피치 에프엑스PITCH f/x가 나왔죠. 이런 심판 시스템은 진작 개발되었어요. 야구 중계방송 화면에 네모난 스트라이크 존이 표시된 걸 본 적이 있을 거예요. 그래도 실제 경기에서 최종 판가름을 내리는 건 사람 심판이었습니다. 기계의 판단보다 오랜 경험을 쌓아 온 심판의 의견을 존중했기 때문이에요. 그런데 시간이 흐르며 많은 경기 데이터가 축적되었고, 인공지능(AI) 기술이 빠른 속도로 발전하면서 분위기가 바뀌었습니다. 로봇의 정확도가 높아져서 판단을 신뢰할 수 있다는 믿음이 생겼어요.

스포츠 경기를 보는 사람들이 심판에게 가장 기대하는 건 공평한 판정입니다. 정확하게 보고 편파적이지 않은 결정을 내리는 것. 로봇보다 이 일을 더 잘할 수 있는 존재가 없겠다는 생각이 든 거죠. 이미 로봇 심판 기술은 여러 종목에서 활용 중입니다. 2022년 카타르 월드컵에서는 반자동 오프사이드 판독 기술 (Semi-Automated Offside Technology, SAOT)이 활약했어요. 최첨단 카메라 추적 기술에 선수들의 동작을 인식하는 기술까지 더해져 정확한 위치를 감지하는 시스템이죠. 축구공 안에는 물체의 이동 속도, 방향, 중력, 가속도까지 기록하는 관성측정장치가 있어서 최종 수비수보다 1밀리미터라도 먼저 공이 들어가면 오프사이드를 선언합니다. 2023 카타르 아시안컵에서도 대륙 대회 처음으로 SAOT가 도입되었습니다.

공이 선 안쪽에 떨어졌는지, 바깥쪽에 떨어졌는지는 경기 흐름과 득점에 매우 큰 영향을 미칩니다. 보는 각도에 따라 선과 공의 위치가 달라 심판의 판정에 항의하는 일이 가장 많은 분야이기도 해요. 프로 테니스에서는 이런 논란을 없애려고 2000년대 초반부터 호크아이 기술을 씁니다. 경력이 많은 주심과 선심이라도 시속 200킬로미터가 넘는 빠른 테니스공이 '인'인지 '아웃'인지 명확하게 구분할 수 없는 상황이 생기기 때문이에요. 서브 한 번이 승패를 좌우하는 치열한 승부의 세계에서 더욱 예민한 문제가 됩니다. 이럴 땐 경기를 중단하고 경기장 안에 설치된 여러 대의 카메라가 촬영한 영상으로 공의 움직임을 추적합니다. 3D 영상을 대형 스크린에 띄워서 낙하지점을 확인해 오심을 줄여요.

스포츠 기술은 심판을 넘어 선수를 가르치는 수준으로 발전했습니다. 2014년 브라질 월드컵에서 우승한 독일 대표팀은 24년 만에 정상에 올랐다는 사실뿐만 아니라 훈련 방식으로도 주목을 받았어요. 월드컵 대표팀은 각자 다른 구단에서 뛰던 선수들이 모여 짧은 기간에 집중적으로 훈련하는데요. 이 선수들의 몸에 붙인 센서로 슈팅 동작과 순간 속도, 심장 박동 수 등의 정보를 측정한 뒤 전술을 짤 때 썼다고 합니다. 감독과 코치가 선수를 일일이 분석할 필요 없이 사물인터넷(IoT)을 통해 실시간으로 데이터를 전송받아 최적의 전략을 만든 거죠.

로봇 기술은 인간과 스포츠 대결을 펼치기도 합니다. AI 바둑 프로그램 알파고는 2016년 한국의 이세돌 9단과 세기의 대결을 치렀어요. 골프 교육용 AI 로봇 엘드릭은 PGA(미국남자프로골프투어)에 깜짝 등장해 다섯 번 만에 홀인원을 성공시켰습니다. 2021년에는 한국에서 박세리 선수와 대결했어요. 공을 멀리 보내는 드라이버 평균 거리는 박세리 선수가 훨씬 길었지만, 홀컵에 공을 넣는 퍼팅 대결에서는 엘드릭이 이겼죠. 지금도 머신러닝으로 무한대에 가까운 경우의 수를 분석하고 있을 테니 머지않아 사람의 판단력과 정교함을 뛰어넘는 실력을 갖추게 될지도 모르겠습니다.

가상현실(VR) 기술은 더 재밌게 운동을 즐길 환경을 만들어 줘요. VR 고글을 끼면 집에서도 경기장을 직접 관람하는 것처럼 생생한 중계를 볼 수 있고, 바닷가나 외국의 거리를 달리는 듯한 기분으로 실내에서 자전거를 탈 수 있죠. 위치정보시스템(GPS)을 스마트워치에 연결하면 멀리 떨어져 사는 친구들과도 운동 대결을 할 수 있어요. 기록을 저장해 공유하면 되죠. 같은 시간, 같은 장소에 있지 않아도 모임을 만들어 비대면 달리기를 하는 것도 가능합니다. 기술은 우리의 운동 경험을 더욱 풍부하게 해 주고 있습니다.

나의 운동 취향은?

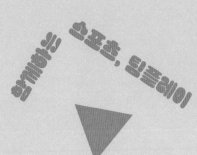

만들고 싶다면

흔히 우리는

소프츠, 딥플레이

흔해빠진

유부의

세계에 나고 있다

시키고 대문 하다

쯤은 좀

운동은 시작이 가장 어렵다고 하죠. 각자 몸의 생김새와 상태가 다르듯 운동하는 생활도 저마다 사연이 있고 여러 과정을 거칩니다. 정답이나 절대적인 법칙은 없어요. 나에게 맞는 방법이 있을 뿐입니다. 그래서 오랫동안 몸을 쓰며 체력을 길러 온 사람들에게 비법을 물어봤습니다. 제가 경험한 요가와 복싱을 제외하고는 취재했던 운동 이야기들을 각색해 엮었어요. 여러분의 시작에 작은 용기를 주는 팁이 되면 좋겠습니다.

혼자가 좋을지, 같이 하는 게 좋을지 아직은 모르는 상태일 수 있어요. 내공을 키우고 싶을 수도 있고, 승부사 기질을 발휘하려고 운동을 하는 걸 수도 있죠. 모두 욕심나기도 하고요. 운동은 다양하고, 그 방식은 다채롭습니다.

자, 이제 각 종목 운동쟁이들의 생생한 경험과 영업이 이어집니다. 읽다가 호기심이 생긴다면 도전해 보세요. 나도 몰랐던 나를 찾게 될 거예요.

혼자 루틴을 만들고 싶다면

내 고양이를 돌보는 달리기
_러닝

고양이가 아파서 병간호하다 몸살이 단단히 났던 집사입니다. '고양이를 돌보려면 내 몸이 이래서는 안 되겠다'고 다짐한 후 열심히 뛰기 시작했습니다. 하룻밤쯤 자지 않고 새벽 내내 뭘 하고 싶었는데, 힘이 달려 포기하거나 지쳐 쓰러진 경험이 있다면 저의 마음이 이해될 거예요. 오로지 체력을 키우려는 마음으로 2년을 꾸준히 달렸습니다. 거리를 조금씩 늘리면서요.

'1주일에 한 번 달리더라도 지난번보다는 한 걸음이라도 더 뛰자.'

처음부터 지금까지 지키고 있는 원칙입니다. 분명 초반에는 10분도 힘들었는데 1년이 지나자 30분, 40분, 한 시간을 쉬지 않고 달릴 수 있게 되었어요. 그때의 뿌듯함은 느껴 본 사람만 알 수 있죠.

저만의 속도로 저의 한계를 넘어서면서 운동이 더 재밌어졌습니다. 러닝을 시작하고 2년간 10킬로미터 마라톤에 다섯 번 도전했고, 기록은 1:01:50입니다. 아직 한 시간의 벽을 넘진 못했어요. 하프 마라톤을 한 번 완주한 뒤 42.195킬로미터 풀코스에 도전했다가 제한 시간 초과로 코스에서 강제 퇴장을 당해 망한 경험도 있습니다. 하지만 저는 조금 다른 집사가 되었어요. 심폐 지구력과 체력이 좋아졌거든요. 고양이와 더 오래 놀아 줄 수 있고 더 잘 돌볼 힘이 생긴 것이죠.

달리기는 온몸의 근육을 쓰고 세포를 자극하는 유산소 운동입니다. 폐활량이 늘어나니 심장 기능이 좋아져요. 걷기보다 두 배 이상 에너지를 소모해 체중을 줄이는 데 효과적입니다. 당장은 뛰기 힘들다면 우선 걸어 보세요. 근육에 힘이 생겼을 때 달려도 늦지 않습니다. '1주일에 한 번 달리는 게 의미가 있을까?' 이런 생각이 들수도 있어요. 그런데 한 주, 한 주 지날수록 강해지는 몸을 보면 생각이 달라질 거예요. 한 걸음이라도 더 달린 거리를 몸이 기억하고 있어서 힘을 낼 수 있더라고요.

뛰어 보면 '나는 해낼 수 있는 사람'이라는 것을 알게 되어 즐겁습니다. 조금씩 뛰는 거리를 늘리면 '이것도 했는데 다른 것도 할 수 있지'라는 믿음이 생겨요. 단어를 하나 더 외우고, 문제를 한 페이지 더 풀 수 있는 체력과 함께 자신감도 얻을 수 있는 거죠.

공원이나 강을 따라 자연 속에서 나무와 꽃을 보며 달려 보세요. 밖에서 뛰다 보면 '이 정도면 몇 킬로미터겠구나'라는 거리 감각도 얻을 수 있어요. 헬스장 트레드밀 위에서 달리는 게 재미없어 보인다면 더욱 추천합니다. 달리기의 좋은 점은 무엇보다 운동하는 데 돈이 들지 않는다는 거예요. 운동화를 신고 나가서 뛰기 시작하면 바로 '러너'가 되거든요.

본격적으로 뛰기 전에 달리는 법을 먼저 알아 두면 좋습니다. 바른 자세로 뛸 때 확실한 운동 효과를 볼 수 있죠. 시선을 정면에 두고 발을 11자 모양으로 나란히 유지하는 게 기본자세예요. 목과 무릎에 가해지는 충격을 줄이기 위해서입니다. 발은 뒤꿈치가 먼저 닿은 후 발바닥을 거쳐 앞부분으로 가야 합니다. 상체는 약간 앞으로 숙여 무게 중심을 앞쪽에 두죠.

긴 코스부터 도전하기보다 매일 몇백 미터씩 더 달리면서 자신의 체력을 테스트해 보는 것이 중요해요. 몸 상태를 알아보는 겁니다. 여러 이유로 뛰는 동작이 관절에 큰 충격을 준다면 다른 근력 운동과 식이 요법을 먼저 해야 할 수도 있어요. 무리한 운동은 오히려 몸을 해칩니다.

같이 뛰면서 내 상태를 봐 줄 수 있는 사람이 있다면 요령을 쉽게 익힐 수 있습니다. 요즘은 지역마다 러닝 동호회가 많아요. 신입 회원으로 들어가 숙련된 사람들과 함께 달리는 것도 방법입니다. 스포츠 플랫폼에서 하루짜리 수업에 참여해 봐도 좋습니다. 러닝의 또 다른 팁은 달리기 전과 후에 꼼꼼하게 스트레칭을 해서 몸을 푸는 것입니다. 팔 굽혀 펴기나 스쾃, 윗몸 일으키기 등으로 마무리 운동을 하고요. 근력 운동을 같이 하면 뛰는 데 도움이 됩니다. 코어가 단단해져서 균형을 잡기 쉬워요.

뛸수록 더 가벼워지는 행복

달리는 게 익숙해지고 제법 오래 쉬지 않고 뛸 수 있게 되면 '러너스 하이Runner's high'를 경험하곤 해요. 1분에 심장 박동 수가 120회 이상이 되도록 30분 넘게 뛸 때 느낄 수 있는데요. 숨이 턱까지 차오르는데도 무아지경으로 달리게 됩니다. 하늘을 나는 듯 몸이 가벼워지면서 마치 영원히 뛸 수 있을 것만 같은 행복한 순간이 찾아와요. 격한 운동으로 진통 효과가 있는 엔도르핀 분비가 많아져 고통을 느끼지 못하게 되는 신체적 현상이라는 설이 있습니다. 일상의 스트레스가 한 방에 날아가 '이 맛에 뛰지!'라는 만족감을 느낍니다. 하지만 그 순간에 취해 너무 무리하면 인대와 근육이 다칠 수도 있으니 조심해야 해요. 자만하지 않고 자신의 몸 상태를 언제

나 살피는 것이 운동의 기본이니까요.

　대회에 나갈 정도로 실력이 늘었다면 운동화 전문점에서 발 모양과 걷는 방식을 분석해 내 몸에 무리가 가장 덜 가게 해 주는 맞춤형 깔창이나 러닝용 운동화를 골라 보는 것도 좋습니다. 장비 욕심은 이 정도 고수가 되었을 때 부려도 늦지 않습니다.

　'1주일에 n번, 최소 n분 이상은 해야 운동이다.' 아직 어떤 운동도 시작하지 않은 사람들이 가장 두려워하는 말일 겁니다. 그런데 달려 보니 'n'에 들어갈 숫자는 내가 정하면 되는 것이더라고요. 비가 오거나 월경을 할 때 달리기를 잠깐 쉬게 될 수 있죠. 여름에 폭염이 기승을 부릴 때도 뛰기 어렵고요. 1~2주 쉬어버리면 다시 운동해서 뭐 하나 싶을 수도 있어요. 하지만 몸은 기억하고 있습니다. 뛰었을 때 강해졌던 근육들은 도망가지 않아요. 언제든 다시 내 몸 상태에 맞춰서 뛰면 됩니다. 마라톤 대회에 나가 보면 오랫동안 자신만의 속도로 몸을 만들어 온 어른들을 볼 수 있어요. 건강한 삶이란 켜켜이 몸에 습관을 쌓는 것이 아닐까요.

자유롭게 바람을 가르는 재미 _자전거

걷거나 뛰는 것보다 훨씬 멀리까지 갈 수 있고, 자동차보다 자유롭게 가고 싶은 길을 달릴 수 있는 것. 제가 생각하는 자전거의 재미입니다. 아직 운전면허가 없는 여러분도 자전거만 있으면 집 근처를 벗어나 더 먼 곳까지 혼자 다녀올 수 있죠. 학교나 학원에 갈 때 늘 자전거를 타는 사람도 이미 있을 거예요. 차 대신 자전거를 타면 탄소 배출도 줄일 수 있으니 기후 위기를 극복하는 데 조금이라도 보탬이 되겠죠.

저는 쉬는 날 취미로 탔던 자전거에 빠져 평일에는 대중교통 대신 자전거를 타고 출근했어요. 지하철보다는 느리지만 꽉 막힌 도로에서 차를 타는 것보다 30분이나 빨리 도착했거든요. 교통 체증에 시달리지 않고 뻥 뚫린 자전거 도로를 달리면 아침이 정말 상쾌했어요. 매일 운동도 할 수 있으니 활기찬 하루를 만드는 힘이 되었습니다.

혼자서 또 같이!

자전거는 혼자 타지만 여럿이 같이 달리면 더 많이 운동할 수 있습니다. 제가 아침마다 한 시간 넘게 달려 출근할 수 있었던 것도 도로를 함께 달려 줄 사람들 덕분이었어요. 자전거로 줄을 지어 '바이크버스'를 만들어 달렸답니다. 경기도 북쪽에서 중랑천을 따라 나 있는 자전거 도로로 한강대교까지 가는 코스였습니다. 달리다 보면 약속된 장소에서 사람들이 합류합니다. 제일 앞사람을 차장이라 하고 뒤에 따르는 사람을 승객이라고 불러요. 서로 손으로 신호를 보내 인사를 나눕니다. 바람을 정면으로 맞으며 버스를 안내한 차장은 중간에 교대해 쉴 수 있게 배려도 해요. 열한 대의 자전거와 함께 24킬로미터를 달리는 출근길은 너무 즐거웠습니다.

이제 그 바이크버스는 사라졌지만, 운동 애플리케이션에서 만난 사람들과 코스를 정해 자전거를 탑니다. 동네와 지역마다 유명한 곳들이 있거든요. 한강에는 '옷걸이 코스'라는 귀여운 이름의 루트

가 있어요. 한강 위아래를 오가며 40킬로미터가량 되는 거리를 달리는 방식입니다. 그러고 나면 지나온 길이 옷걸이처럼 생겨서 붙은 이름입니다. 반나절 정도 한강을 보며 달릴 수 있어 유명해진 코스라고 해요. 혹시 강이나 둘레길이 가까이 있다면 자전거 도로를 찾아보세요. 동네 좁은 길에서 탔던 것과는 다른 재미를 느낄 수 있을 거예요.

발목이나 무릎이 약해도 할 수 있어요

두발자전거는 균형 잡기만 익히면 몸이 타는 법을 기억해 평생 할 수 있는 운동이죠. 수없이 넘어지다가 두 발을 땅에서 떼고 바퀴를 굴릴 수 있게 되었을 때, 정말 세상 모든 것을 가진 듯하잖아요. 다리 근력이 부족하거나 관절이 좋지 않을 때 앉아서 할 수 있는 좋은 운동이기도 합니다. 특히 뼈가 약한 사람이 체력을 키우는 데 도움이 되죠. 발목과 무릎에 부담이 덜 되니, 체형에 비해 몸무게가 많이 나간다고 생각한다면 추천합니다. 자전거는 우리 몸에서 가장 큰 허벅지 근육을 많이 쓰기 때문에 걷는 것의 세네 배 열량이 소비된답니다.

안전하게 타려면 내 몸에 맞는 자전거를 골라야 해요. 보통 자전거 크기는 키에 따라서 선택합니다. 자전거포에 가서 타 보는 것이

제일 정확한 방법이에요. 자전거는 핸들과 안장 높이를 조절할 수 있죠. 핸들은 앉아서 정면을 바라보는 데 불편하지 않은 높이를 찾습니다. 또 핸들을 잡고 허리를 똑바로 펼 수 있어야 해요. 안장은 페달에 닿은 발이 가장 아래로 내려갔을 때 무릎이 5도 정도 약간 굽혀지면 제대로 된 위치입니다. 페달은 발이 11자 모양을 할 수 있게 맞춰요. 안쪽으로 모이거나 바깥쪽으로 벌어지면 발목이 아플 수도 있어요. 신발의 경우 자전거 전용이 아니라면 바닥이 딱딱하고 굽이 없는 것이 좋습니다.

　요즘은 자전거 대여 서비스가 많아서 언제든 원하면 탈 수 있죠. 놀이로 탈 때도 그렇지만 운동으로 탈 때 안전모는 필수예요. 머리를 보호하지 않은 상태에서 넘어지면 큰 사고로 이어질 수 있어요. 바람을 막아 주는 보호안경도 쓰면 좋아요. 눈에 이물질이 들어가지 않게 해 주고 시야를 확보해 달리는 방향에 있는 위험 요소를 빨리 발견할 수 있거든요. 무릎이나 팔꿈치에는 보호대를 착용하는 걸 추천해요.

호흡의 마법에 빠지다
_요가

"자극이 느껴지는 곳에서 호흡하세요. 내쉬는 숨에 더 깊은 자세를 취해 봅니다."

선생님의 수련 지도를 제대로 따라 할 수 있게 되었던 건 요가를 시작하고 한참이 지나서였어요. 그전에는 '뻐근한 건 옆구린데, 숨을 어떻게 옆구리로 쉬지?' '어깨에는 콧구멍이 없는데… 어떻게 하라는 걸까?'라고 생각했던 것 같습니다. 여러분은 운동하며 자극을 느낀 내 몸 어딘가로 숨을 쉬어 본 적이 있나요?

요가 하면 기묘한 자세를 떠올리는 경우가 많습니다. 저도 그런 줄 알았어요. 첫 수업부터 제 생각이 단단히 잘못되었다는 걸 깨달았지만요. 명상을 중심으로 가르치는 곳이었는데 한 시간 수업 중 30분 가까이 숨 쉬는 법만 배웠습니다. "엉덩이를 무겁게 매트 위로 내려놓습니다. 팔을 천천히 올려 크게 돌립니다. 어깨 관절에서 호흡하세요. 다리를 스트레칭 할 때는 고관절 안쪽에서 호흡합니다." 사실 멋진 동작을 상상했던 저에게 흥미로운 수업은 아니었어요. 게다가 방법을 들어도 제대로 하고 있는지, 이렇게 숨을 쉬면 뭐가 달라지는지 알 수 없어 지루하기만 했죠.

힘을 빼고, 바다의 숨소리처럼

하지만 호흡만 제대로 익혀도 수련의 절반을 해냈다고 할 수 있을 만큼 숨 쉬는 법이 중요합니다. 근력을 쓰는 동작에서 체온을 올리고 순환을 도와 운동의 효과를 높이기 때문이에요. 부상을 막는 역할도 합니다. 요가를 한 지 15년이 넘었지만, 호흡의 마법은 여전히 신기해요.

요가에서는 '우짜이Ujjayi' 호흡을 많이 사용합니다. 복부를 단단하게 조이고 횡격막을 확장하고 수축하며 코로 숨을 마시고 내쉽니다. 1장에서 이야기한 복식 호흡과 조금 다르죠. 우짜이는 산스크리트어로 '승리'를 뜻해요. 성대 주변 근육을 조여 공기가 지나갈 때 소리가 나고 속삭이는 듯한 진동이 생겨 '바다의 숨소리'라고도 불립니다. 많은 양의 산소를 일정한 속도로 연소해 몸을 빨리 데울수 있고, 내 호흡 소리를 들으면서 움직이기 때문에 몸에 더 집중할수 있다는 장점이 있어요.

요가에는 여러 방식이 있지만 몸의 균형을 위한 동작들을 호흡과 연결해 반복한다는 점은 같습니다. 자세 완성보다 수련 과정에서 내 몸을 살피는 게 더 중요하다는 뜻이에요. 신체 자극은 자세를 취한 부위뿐 아니라 이어진 주변부가 틀어졌거나 수축해서 생길수 있습니다. 숨을 들이마시고 내쉬면서 힘을 빼고, 근육이 수축하고 이완하는 것을 느끼며 나의 몸을 바르게 배열하는 게 요가의 움직임입니다. 자극이 느껴지는 옆구리에서 숨을 쉰다는 건 바로 그런 의미인 거죠.

사소한 일에도 신경을 많이 쓰나요?

운동할 때 음악이 필요한 타입인가요?

요가를 할 때 호흡과 자세에 열중하면 복잡했던 머릿속이 정리되는 경험을 합니다. 내 몸에 오는 자극을 느끼고 동작을 하기 위해 근력을 모으는 것만으로도 정신이 없거든요. 이런 훈련은 스트레스를 풀어 주고 수면의 질을 높인다고 해요. 시험과 성적에 대한 걱정이 너무 크거나, 친구 사이에서 일어난 사소한 일에도 신경이 많이 쓰인다면 요가처럼 몸을 쓰며 집중하는 시간이 정서적인 긴장을 푸는 데 도움이 될 거예요.

아직 요가를 해 본 적 없다면 나에게 맞는 장르가 있는지 살펴보세요. 가장 전통적인 요가라 불리는 하타요가는 몸의 정렬을 맞추기 위해 유연성과 근력이 조화를 이룬 자세로 오래 머무는 수련법이에요. 아쉬탕가는 더 역동적으로 근육을 사용합니다. 유산소 운동이 되는 빈야사도 있어요. 호흡으로 동작과 동작 사이를 연결하는 흐름을 중요하게 생각합니다. 제가 가장 좋아하는 인사이드플로우요가는 음악에 맞춰 춤을 추듯 빈야사를 하는 거예요. 강한 근력 운동도 지루하지 않게 할 수 있어서 재미있습니다.

핫요가에서는 실내 온도를 40도, 습도는 60퍼센트까지 높입니다. 운동의 발상지인 인도와 똑같이 덥고 습한 환경 속에서 정해진 스물여섯 가지 동작을 이어 갑니다. 한 시간 정도 무척 많은 땀을 흘리게 되죠. 최근에는 몸에 무리를 주지 않는 정적인 동작에 길게 머무는 인요가를 하는 사람이 많습니다. 천장에 달린 해먹으로 허벅지를 감고 공중에 떠 있거나 배에 해먹을 걸쳐 거꾸로 매달리는 플라잉요가도 있어요. 척추와 골반을 교정하는 효과가 있고 코어가 강해진다고 해요.

어떤 요가를 하는 사람이든 매트 위에 올라가면 모두 자신의 몸에 집중합니다. 그리고 지금 여기, 내가 존재하는 시간에 몰입하죠. 저는 '아르다찬드라아사나'를 할 때 가장 집중이 되는 거 같아요. 산스크리트어로 반달(ArdhaChandra) 자세(Asana)라는 뜻이에요. 한쪽 다리로 지탱하고 다른 다리는 뒤쪽으로 엉덩이 높이까지 들어 올린 후, 지탱한 다리 반대쪽 손을 천장으로 올려 몸을 옆에서 봤을 때 대大자로 만드는 동작입니다. 땅을 디딘 발바닥과 발가락은 단단한 뿌리가 되어 온몸을 버터 냅니다. 올린 다리는 허벅지와 엉덩이 근육의 힘으로 떨어지지 않게 유지합니다. 천장으로 뻗은 팔과 바닥으로 향한 팔은 어깨를 나란히 맞춰 일직선으로 만들며 중심을 잡아요. 이 자세를 완성하려면 몸 전체의 근육과 근막, 신경들의 자극에 집중해야 해요. 0.1초라도 정신을 다른 데 팔았다가는 자세가 금방 무너지고 맙니다. 강한 근력을 키우며 나에게 집중하는 시간을 갖고 싶다면 요가를 시작해 보세요.

함께하는 스포츠, 팀플레이

따로 똑같이 경기 흐름 주도하기
_축구/풋살

축구는 열한 명이 한 팀을 이루고 발로 공을 차서 상대편 골대에 넣으면 1점을 얻는 종목이죠. 득점 규칙은 아주 간단하지만 공격수와 수비수, 골키퍼의 역할, 센터백·포워드·윙백·미드필더 포지션의 조합에 따라 전략은 얼마든지 달라질 수 있어요. 치열한 몸싸움뿐 아니라 상대를 제압할 전술을 펼치는 두뇌 싸움이 축구의 또 다른 재미입니다. 화려한 전략 대결을 보기 위해 우리나라 시간으로 새벽에 열리는 해외 리그 경기까지 챙겨 보다 밤을 새는 사람도 많아요.

그런데 축구는 보는 것보다 하는 것이 훨씬 재밌습니다. 저는 어릴 때 동네 풋살장을 지나다가 축구를 알게 되어 TV에서 해 주는 경기를 모두 찾아 보기 시작했는데요. 실제로 공을 차 본 건 고등학교를 졸업한 후에 처음 지역 아마추어 풋살팀에 들어가면서였죠. 직접 선수가 되어 경기장을 뛴 소감은 '왜 이제야 시작했을까?' '지금이라도 하게 되었으니 다행이다'라는 안타까움과 안도감이었습니다.

프로 축구와 달리 아마추어들이 많이 뛰는 풋살은 짧게 경기를 치르지만, 40분을 꽉 채워 뛰고 나면 숨이 차다 못해 가슴이 아픕니다. 그래도 심장이 터질 것 같은 그 느낌이 들 때 '내가 숨을 쉬면서 살아 있구나' 하고 깨닫습니다.

드라마의 주인공이 되어 보세요

축구는 전술이 중요하기 때문에 득점의 순간, 상대에게 골을 내주는 실점의 순간만 보고 어떻게 된 일인지 설명하기 힘들다고 하죠. 공이 골대 앞으로 가기 전까지 경기장의 모든 선수는 각자 사전에 정해진 약속대로 움직입니다. 팀워크와 타이밍이 맞아떨어져야 골이 들어가고, 또 골을 막을 수 있는 거예요. 스트라이커의 슛이 골대 안으로 들어가는 데 성공했다면 뒤에 있던 공격수들이 좋은 위치까지 공이 갈 수 있도록 쉬지 않고 뛰어다니며 패스를 해 준 덕분일 겁니다. 골을 막아 냈다면 상대가 골대까지 오는 길목을 지킨 미드필더, 수비수의 노력과 골키퍼의 활약이 빛을 발한 것이고요. 두 팀, 총 스물두 명 선수의 동선이 모여 한 편의 드라마를 완성하는 거죠.

축구 경기 중계를 들어 보면 해설자가 "자, 이제 흐름을 만들어야 해요!"라고 할 때가 있습니다. 선수들이 포지션별로 필요한 기술을 동원해 공을 몰고 상대의 골문 앞까지 가는 전술을 실행해야 한다는 뜻입니다. 많은 훈련과 팀워크 없이는 불가능해요.

공을 차며 경기장을 달릴 때도 신나지만 바로 이 흐름의 마무리를 짓는 역할도 재밌습니다. 팀에서 저는 골키퍼를 맡고 있어요. 아마추어팀에서는 골키퍼만 도맡는 경우는 드물고 돌아가면서 해요. 이왕 할 때 잘하고 싶어서 강습도 받았습니다. 공격과 수비 노하우는 많이 공유되지만, 골키퍼에 대한 팁은 많지 않죠. 그래서 전 국가대표팀 골키퍼 선수에게 배운 몇 가지를 여러분과 공유해 볼게요.

골키퍼의 역할

골키퍼의 기본자세는 다리를 어깨너비로 벌리고 스쾃을 하는 것처럼 무릎을 굽히는 겁니다. 발이 팔자로 벌어지거나 무릎이 안쪽 혹은 바깥쪽으로 몰리지 않게 합니다. 양손은 가슴 높이에서 W 모양을 그리며 벌리고 팔꿈치는 몸 쪽으로 붙입니다. 상체는 약간 앞으로 숙여요. 갑자기 움직여야 할 때 빨리 반응할 수 있게 준비하는 거예요. 골키퍼에게 가장 도움이 되는 신체적 특징은 강한 허벅지와 유연성이라고 합니다. 안정적인 자세와 순발력으로 위치를 바꿔 공을 받아 내기 위해서죠. 스쾃, 골반과 고관절 스트레칭, 스텝을 밟는 훈련을 하면 좋습니다.

공을 잡을 때 땅볼이 굴러오면 손가락을 세워 손바닥 안쪽으로 들어오게 만듭니다. 공이 무릎에 맞아 튕겨 나가지 않도록 주의해야 해요. 낮게 오는 볼은 무릎을 꿇고 공이 몸 쪽으로 굴러 들어오게끔 손과 팔을 일자로 뻗어 안쪽에 길을 냅니다. 공이 들어왔다 싶으면 빨리 꽉 안아서 품에 넣어야 공을 뺏기지 않죠.

공격수가 강한 슛을 때려 가속된 공이 골대로 온다면 발을 움직여 이동한 후 손을 뻗습니다. 이때 공은 가서 잡는 게 아닙니다. 손 위치를 미리 잡아 두고 기다렸다 잡아야 해요. 공보다 먼저 가서 기다리기 위해선 동작을 바로 취할 수 있도록 발볼에 힘을 줘서 무게중심을 앞쪽에 놓고 빠른 판단을 내려야 합니다.

경기 도중에 골문 앞에서 공격수와 수비수가 몸싸움하다 공이 높이 떴을 때 골키퍼가 "골 키프Goal keep!"라고 크게 외치는 경우가 있습니다. '이건 내 공이니까 내가 잡을 거야!'라는 신호죠. 진짜 잡으려는 목적도 있겠지만 상대편 공격수가 멈칫하며 물러나게 하는 효과도 있어요.

경기장을 누비며 끊임없이 달려가 상대의 빈틈을 노리는 공격수와 상대의 공을 막아 내는 마지막 수비수까지. 경기의 흐름을 만들어 가는 다양한 역할을 맡을 수 있는 축구 한판 뛰어 보면 팀 운동의 진정한 재미를 느낄 수 있을 거예요.

빠른 패스로 하나가 되는 짜릿함
_농구/넷볼

농구와 비슷하지만, 더 쉽게 배울 수 있는 넷볼은 저에게 고등학생 시절이 그리워지는 가장 소중한 추억입니다. 넷볼과의 첫 만남은 수행 평가였어요. 넷볼은 체육 시간에 많이 하는 뉴스포츠의 대명사잖아요. 공이 초등학생용 농구공 정도의 크기라서 손이 작아도 다루기 편하죠. 시험을 위한 연습이었지만 너무 재밌어서 학교 동아리에 들어갔어요. 고3 때도 한 달에 한두 번씩 주말 시간을 쪼개 열심히 경기를 뛰었습니다. 가진 건 공과 조끼뿐이었지만 열정만큼은 가득했거든요. 인원이 있으면 있는 대로 없으면 없는 대로 했습니다.

비교적 점잖은(?) 운동

가로 28미터, 세로 15미터 크기의 코트에서 다섯 명이 한 팀으로 경기를 뛰는 농구와 달리 넷볼 경기장은 가로 30.5미터, 세로 15.25미터로 조금 더 큽니다. 인원도 더 많아요. 일곱 명이 한 팀을 이루어 움직입니다.

공을 바닥에 튕기며 걷는 드리블은 불가능합니다. 패스로만 플레이해요. 슛은 골대 주변 슈팅 구역(골 서클)에서 공격수(골 슈터와 골 어택)만 할 수 있습니다. 공을 가진 사람을 터치해선 안 됩니다. 수비도 상대에게서 90센티미터 이상 떨어져서 해야 해요.

　농구는 미식축구보다 덜 거칠면서도 재밌게 할 수 있는 실내 종목으로 고안되었습니다. 1891년 축구공을 바구니에 넣는 방식의 스포츠로 처음 등장했죠. 가죽을 둥글게 덧대서 꿰맨 후 공기를 넣어 탄성이 더 좋은 지금의 농구공은 1894년 완성되었습니다. 초기 농구는 드리블이 없었답니다. 공을 받으면 바로 다시 패스해야 해서 몸싸움이 일어나지 않았습니다. 비교적 점잖은 운동이었어요. 1930년 골대를 향해 점프하면서 공을 던지는 점프 슛이 등장하자 '이렇게 과격한 움직임을 경기에서 허용해도 괜찮은가'에 대해 논란이 있었다고 하네요.

　현재 농구는 축구나 야구와 비교하면 득점도 많고, 공격과 수비가 속도감 있게 전환되는 경기 흐름과 치열한 몸싸움으로 인기를 끕니다. 농구를 더 많은 사람이 안전하게 즐길 수 있도록 변형한 넷볼은 초기 농구를 닮았죠. 단, 패스 제한 시간이 3초로 매우 짧아서 24초 안에 공격을 하면 되는 농구보다 진행이 빠릅니다. 농구 못지않은 신속한 전개로 동료들과 합을 맞춰 나가는 게 재미입니다.

넷볼 선수들은 포지션이 적힌 유니폼을 입습니다. 세 군데로 나뉜 경기장 안에서 포지션별로 정해진 구역에서만 플레이할 수 있어 팀플레이가 무엇보다 중요한 종목이에요. 공을 갖고 있을 때는 한 발을 축으로 방향만 바꿀 수 있을 뿐 공을 갖고 걷거나 뛸 수 없어요. 패스할 동료를 빨리 찾아야 하죠. 패스만이 살길인 셈이에요. 각

자의 역할에 최선을 다해 하나의 골을 만들어 냅니다. 팀에 도움이 되기 위해 쉴 새 없이 뛰고 나면 온몸이 뜨거워지는데 바로 이런 느낌이 '희열'이라고 부르는 짜릿함일 거예요.

동아리를 하려면 여러 친구와 시간을 맞춰야 하고 경기장도 스스로 알아봐야 합니다. 팀 스포츠는 이런 과정이 필요해 사실 혼자 하는 운동보다 자주 하기는 어렵습니다. 대학에 와서도 고등학교 때 같이 넷볼을 했던 팀원들과 메신저에서 다시 모임을 꾸리자고 이야기했지만 학교에 다니느라 바쁘고 사는 지역도 달라져 흐지부지되었거든요. 가장 아쉬웠던 건 같이 땀 흘리는 단체 운동의 즐거움을 느낄 수 없다는 점이었어요. 주전 선수였던 친구가 참가하지 못해 대신 나간 고등부 지역 대회에서 메달을 딴 후 다 같이 국밥을 먹었던 기억이 몇 년이 지난 지금까지 선명하게 남아 있거든요. 저는 중학교 때도 수행 평가 종목이었던 핸드볼이 재밌어서 반 대표로 경기에 출전했는데, 골키퍼로 공을 막다가 부어오른 손가락을 부여잡으면서도 끝까지 뛰었습니다. 지면 억울하고 분했어요. 경기는 이길 수도, 질 수도 있죠. 경기에서 느끼는 감정들을 공유하고 공감할 수 있는 동료가 있는 팀 스포츠가 저에게는 가장 잘 맞는 운동인가 봐요.

혼자서 포지션 연습만 하다가 넷볼 동호회가 지역마다 있다는 걸 알게 되었습니다. 사는 동네 이름과 넷볼로 검색을 해 보세요.

몸을 쓰는 데 막연한 두려움이 있다면 사람들과 같이 도전해 승리하고 또 실패하는 팀 스포츠가 심리적인 장벽을 낮춰 줄지도 모릅니다.

작은 키로 날아오르는 미들 블로커 _배구

배구는 네트를 사이에 두고 상대가 넘긴 공이 바닥에 떨어지기 전에 받아 내서 상대편 코트로 다시 쳐 넘기는 스포츠입니다. 배구 선수의 무기는 네트를 넘길 수 있는 큰 키죠. 그런데 평균 신장 190센티미터가 넘는 선수들 가운데 고작 164.2센티미터의 작은 키로 높이 점프해 스파이크를 날리는 주인공이 있습니다. 만화 〈하이큐!!〉는 제가 배구에 빠진 계기가 되었어요. 키 작은 주인공을 응원하는 감독의 대사가 유명합니다.

"날개가 없기에 사람은 나는 법을 찾는 것이다."

저는 키가 작아도 점프력은 남들 못지않은데 여기엔 타고난 비결이 있습니다. 조금만 운동해도 근육이 잘 발달하는 편이거든요. 사실 배구를 시작하기 전에는 스스로 다리가 못생겼다고 생각했어요. 허벅지 앞쪽이 다른 친구들보다 많이 튀어나와서 신경 쓰였죠. 하지만 네트 위까지 뛰어올라야 하는 배구를 할 때는 바로 이 다리

덕분에 남들보다 더 높이 점프해서 공을 때릴 수 있다는 것을 깨달았어요. 너무나 소중한 저의 다리입니다.

화려한 개인기보다 협동

2미터 안팎 장신이 네트 위로 점프해 강한 스파이크로 공을 넘기거나 이토록 센 공을 블로킹으로 막아 내는 화려한 개인기는 배구를 보는 즐거움입니다. 하지만 만화에서는 주인공이 속한 팀이 지는 경기가 더 많은 것 같아요. 단 1점, 상대편 코트에 공을 떨어뜨리기 위해 조금씩 부족한 선수들의 능력이 한 겹 한 겹 쌓여 가는 과정에 주목하기 때문입니다. 이기는 것도 중요하지만 서로가 각자의 자리에서 최선을 다했을 때 완성되는 최고의 조합. 그렇게 만든 1점이 주는 감동으로 팀 스포츠의 짜릿한 승패를 보여 줍니다.

　　배구는 여섯 명 혹은 아홉 명으로 한 팀을 구성합니다. 2점 이상의 점수 차로 먼저 25점을 만들면 세트 승리, 5세트 중 3세트를 이기면 경기 승리입니다. 24대 24로 동점이 나오면 2점 차이가 될 때까지 계속 세트를 진행하죠. 만약 2대 2에서 5세트를 하게 되었다면 2점 차로 먼저 15점을 만드는 팀이 경기에서 승리합니다. 경기는 코트 가장 뒤에서 공을 쳐서 네트 반대편으로 넘기는 서브로 시작되는데요. 서브를 넣는 팀이 랠리(양 팀이 공을 주고받는 것)에서 이기면 1점입니다. 상대 팀은 서브를 받아 패스하고 공을 띄워 스파이크로 공격합니다. 이 공을 블로킹으로 막고 우리 편 코트에 닿지 않게 해야 방어가 되죠. 받아 낸 공은 같은 편끼리 세 번 이내로 터치할 수 있습니다.

랠리에서는 각자의 역할을 최대한 해 주는 것이 중요합니다. 공격 플레이를 만드는 중심은 코트 오른쪽 앞에 위치한 세터입니다. 스파이커가 공격할 수 있게 패스 받은 공을 네트 가까이에서 높이 올려 줍니다. 세터가 토스한 공을 상대 코트에 내리꽂는 윙 스파이커에는 왼쪽 공격수 아웃사이드 히터와 오른쪽 공격수 아포짓 스파이커가 있습니다. 김연경 선수가 바로 아웃사이드 히터죠. 앞줄 중앙에서 상대의 공격을 막으며 빠르게 반격하는 미들 블로커는 공격과 수비 전반에서 활약합니다. 작지만 강한 점프력을 가진 〈하이큐!!〉 주인공의 포지션이자 제가 팀에서 맡은 역할이에요. 수비를 전담하는 리베로는 몸을 날려 다른 팀원이 놓친 공이나 빈 곳으로 들어오는 공을 막는 역할을 합니다. 혼자 다른 색 유니폼을 입고 있고, 서브와 블로킹도 할 수 없습니다.

민폐라고 생각할 필요 없어요

어렸을 때부터 운동을 좋아했지만, 혼자 하는 건 재미가 없었습니다. 상대를 이기겠다는 승부욕으로 운동을 하고 또 경기가 끝나면 쾌감을 느끼는 사람이거든요. 저의 성향을 잘 알고 있었기 때문에 팀플레이나 대련을 할 수 있는 운동에 도전했어요.

네트가 코트 가운데 있는 배구는 상대편과의 몸싸움은 없지만 랠리에서 심장 떨리는 긴장감과 싸웁니다. 같은 팀 동료들과 합을 맞춰 상대의 약한 지점을 노려 득점하면 긴장이 한꺼번에 풀리며 성취감과 해방감이 찾아오죠. 실력이 아직 모자란 내가 팀에 민폐가 될 것이라는 생각은 하지 않아도 괜찮습니다. 모두가 서로를 도와서 완성하는 게 팀워크예요.

2020 도쿄 올림픽 여자 배구팀의 한일전이 떠오르네요. 한국 국가대표팀이 마지막 5세트에 12대 14로 일본에 한 점만 더 내주면 경기에서 져 8강 진출이 좌절되는 순간이었습니다. 그때 한국이 무서운 집중력으로 연속 스파이크 득점을 내면서 14대 14 듀스를 만들고, 일본이 공격 실수를 해서 15대 14가 되죠. 네트 싸움을 하던 한국팀 선수가 공을 일본팀 블로커 손에 터치아웃시키며 마침내 16대 14, 한국의 승리로 경기가 끝납니다. 이 역전승에 탄력을 받아 한국 여자 배구는 터키를 꺾고 4강까지 나갔습니다. 메달은 따지 못했지만 많은 사람이 한일전의 짜릿한 승부와 선수들이 만들어 낸 집념의 경기를 응원했어요.

사람들과 어울려 오래오래 할 수 있는 운동을 찾고 있다면 배구를 추천해요. 합을 맞춰 1점을 내는 승부! 시합을 뛰면 내가 놓친 공간에 팀원이 달려와 부족한 부분을 채워 줍니다. 나도 다른 팀원이 보지 못한 부분으로 달려가 공을 받아 내며 서로 돕죠. 흥미가 없어서, 공이 무서워서, 땀이 나는 게 싫어서 경험하지 않는다면 참 아쉬운 일이에요. 스포츠에서 오는 기쁨은 생각보다 큽니다. 목표를 위해 여럿이 과정을 이겨 내는 시합이나 대회장에서의 설렘을 느껴 보면 좋겠습니다.

어떻게 팀에 들어가야 할지 몰라 막막한가요? 자치구마다 지원해 주는 운동 동호회가 길을 열어 줄 겁니다. 구기 종목은 동호회가 많습니다. 배구는 학생 월 2만 원, 일반인은 3만 원 정도 회비를 받아 팀을 운영해요. 팀원들과 같이 사면 무릎 보호대, 신발, 패딩까지 저렴하게 구입할 수 있답니다. 지금 제가 있는 동아리에는 60대 팀원도 있어요. 마흔에 시작해서 20년 넘게 하셨다고 해요. 나이가 무색하게 두 시간씩 경기를 완주하고 공도 잘 받아 내십니다. 이분보다 훨씬 어린 여러분은 아마 더 높이 오래 코트 위를 날아다닐 수 있을 거예요.

승부의 세계에 나를 던진다

공부의 빈틈을 파고드는 묘미
_배드민턴

고3은 공부만 해도 시간이 부족합니다. 그래도 한 번씩 한바탕 운동을 하며 몸을 움직여야 개운한 느낌이 들어서 좋았어요. 하지만 운동장에 나가면 담임 선생님은 "들어가서 공부해!"라며 나무라셨죠. 사람들의 눈을 피해 할 수 있는 운동이 필요했어요. 저는 친구들과 아무도 보지 않는 실내 강당으로 들어갔습니다. 그곳에서 처음 배드민턴을 쳤어요. 몰래 하는 운동은 스릴이 있어서 더 재미있게 느껴졌죠.

어디서나 할 수 있어요

배드민턴은 라켓과 셔틀콕만 있으면 어디서든 칠 수 있습니다. 바람이 불지 않는다면 야외에서도 할 수 있어요. 콕을 넘겨 상대가 받아치지 못하게 하면 점수가 납니다. 21점을 먼저 내면 세트 승리, 3세트 중 2세트를 이기면 최종 승리입니다.

셔틀콕의 무게는 5그램에 불과하지만, 이 작고 가벼운 도구로 상대의 빈틈을 순식간에 파고드는 게 배드민턴의 묘미입니다. 가죽을 씌운 반구 모양의 코르크에 오리나 거위 깃털 열여섯 개를 꽂아서 만드는데, 한쪽 방향으로 비스듬하게 꽂혀 있는 깃털들이 회전하는 덕분에 빠르게 날아갑니다. 프로 선수들의 콕은 시속 300킬로미터가 넘어요. 상대 코트로 넘어가는 시간이 단 0.15초! 눈 깜빡할 사이입니다. 기네스 기록에 올라간 최고 속도는 무려 시속 565킬로미터죠. 골프공이 시속 290킬로미터, 양궁 화살이 240킬로미터인 것과 비교하면 얼마나 빠른지 알 수 있을 거예요.

셔틀콕이 순식간에 날아갈 수 있는 건 라켓으로 코르크를 치면 깃털들이 오므라들면서 공기 저항이 줄기 때문인데요. 깃털은 곧 다시 펴지기 때문에 속도가 금방 뚝 떨어져 아무리 세게 쳐도 아주 멀리 가지는 못합니다. 이런 특징을 이용해 상황에 맞는 전략을 빠르게 짜는 게 배드민턴의 기술이에요.

코트와 평행이 되게 치는 '드라이브'와 위에서 강하게 내리꽂는 '스매시', 스매시처럼 보이지만 짧고 가볍게 끊어 쳐서 네트 앞에 떨어지게 하는 '드롭 샷'과 포물선을 그리며 멀리 보내는 '클리어', 가볍게 쳐서 올린 후 상대 네트에 스칠 듯이 넘기는 '헤어핀'이 있어요. 콕이 라켓에 닿는 순간, 강한 힘으로 때릴지 끊어서 짧게 보낼지 결정해야 합니다. 섬세한 강약 조절이 의도대로 먹혔을 때 짜릿하죠. 공격을 막고 역공하며 긴 랠리를 이어 가면 보는 사람도 긴장감과 박진감으로 손에 땀을 쥐게 만들어요.

속도와 순발력에 자신 있다면

배드민턴에서는 셔틀콕을 지배하는 자가 승리합니다. 힘과 속도를 다룰 줄 안다면 나이도 상관없습니다. '셔틀콕 퀸'이라는 별명을 가진 안세영 선수처럼요. 안 선수의 셔틀콕은 상대가 반응하지 못하는 빠른 속도로 유명해요. 초등학교 1학년 때 처음 배드민턴을 배우기 시작했는데 중학교 3학년 때 국가대표 선발전에 나갔죠. 당시 참가한 선수 중 최연소였지만 선발전의 모든 경기에서 승리했어요. 기존 국가대표들을 다 꺾고 여자 단식 1위가 되었습니다. 이런 일은 한국 배드민턴 역사상 처음이었다고 해요.

동네 공원이나 둘레길에서 흔하게 볼 수 있어 '약수터 배드민턴'이라는 말이 있죠. 우리나라에서만 무려 300만 명이 즐기는 '국민 스포츠'니까요. 꼭 전문가에게 배우지 않아도, 많은 돈을 쓰지 않아도 할 수 있는 운동이 배드민턴이에요. 인터넷이나 운동 애플리케이션을 이용하면 전국의 배드민턴 동아리와 체육관을 검색할 수 있습니다. 구립·시립 체육 시설에 가면 라켓도 무료로 빌려줍니다. 팀은 여러 구성으로 짤 수 있어요. 남자끼리 여자끼리 1대 1로 붙는 남녀 단식과 둘씩 팀을 이루는 남녀 복식이 있고, 남녀가 한 팀이 되는 혼합 복식도 꾸립니다.

쉴 틈 없이 코트에서 움직이며 재빠르게 공격하다 보면 운동량이 상당합니다. 순발력과 체력, 유연한 손목이 가장 중요해요. 복식은 상대와 호흡도 맞춰야 해서 서로 의지하며 득점하는 뿌듯함을 경험할 수 있습니다. 오른손잡이는 오른쪽, 왼손잡이는 왼쪽 몸을 많이 쓰기 때문에 균형이 맞지 않는다는 느낌이 들 수 있는데요. 그럴 땐 코어를 강화하고 좌우의 힘을 맞추는 운동을 하면 도움이 될겁니다. 나도 몰랐던 내 순발력을 시험하고 싶다면 코트에 나가 보세요.

주먹 한번 뛰러 갔다가 알게 된 것들 _복싱

"복싱은 어떤 부분이 좋은 거야?"

"때리면 기분 좋아."

"무섭지 않아?"

"당연히 무섭지."

"안심이네."

"그게 무슨 의미야?"

"평범한 사람이구나 싶어서."

"무례하네!"

"때리고, 맞고. 이상하잖아."

〈너의 눈을 들여다보면〉이라는 영화에서 주인공인 프로 복서 청각 장애인이 동생과 수어로 대화를 나누는 장면입니다. 경기를 끝내고 몸이 아파 힘들어하는 누나에게 동생은 도대체 왜 주먹으로 서로 때리며 겨루는 운동을 하는지 묻죠. 저는 동생의 마음이 이해되었습니다. 자신과의 싸움이라고 할 수 있는 요가만 해 왔다 보니 상대가 있는 운동, 남을 넘어뜨려야 끝나는 종목의 매력이 무엇인지 궁금했거든요. 영화는 낮엔 회사원으로 일하고 퇴근 후 저녁, 동네 체육관에서 훈련하는 일상을 찬찬히 보여 줘서 무척 재미있었습니다. 복싱 하면 링 위에 올라가 펀치를 날리는 모습이 떠오르지만 사실 그건 복싱이라는 운동의 아주 작은 부분일 뿐이라는 사실도 담겨 있었어요.

근육이 굳지 않게 하는 연습

'복싱 배우러 체육관에 갔는데 글러브 한 번 껴 보지 못하고 줄넘기만 하다 왔다'는 얘기가 있죠. 상대를 타격하는 것이 최종 목표인 스포츠지만 그 전에 필요한 과정은 길고 멉니다. 사람과의 대결이 아니라 샌드백을 주먹으로 치는 데까지도 거쳐야 하는 단계가 많아요.

주먹을 쥐어 본 적도 없지만, 그 말이 궁금해서 원데이 클래스를 신청해 체육관에 가 봤습니다. 수업은 손목 돌리기로 시작되었어요. 앉았다 일어나기, 발볼로 서서 무릎 굽히기, 한쪽 다리로 쪼그려 앉아 허벅지 안쪽 근육 풀기, 뒤꿈치 늘려 종아리 풀기, 허리 돌리기, 어깨 돌리기, 갈비뼈 비틀기, 턱 들어 올리기, 목 돌리기⋯. 열두 가지 스트레칭을 마치니 팔 벌려 뛰기를 합니다.

그렇게 몸풀기가 끝나고 글러브를 끼는가 싶었는데 코치님이 줄넘기를 꺼냈습니다. 우선 2분을 뛰고 30초를 쉬는 패턴으로 3세트를 했어요. 세트를 시작할 때와 마칠 때 "땡!" 하는 큰 종소리가 체육관에 울립니다. 중계방송에서 한 번쯤 들어 봤을 거예요. 승부가 나서 경기가 끝날 때 "땡땡땡땡" 하고 울리는 그 소리입니다.

여기서 잠깐, 줄넘기를 고르는 팁! 양손에 손잡이를 쥐고 줄을 밟아서 골반까지 오면 나에게 딱 맞는 길이입니다. 초보들은 줄이 길면 좋다고 느끼지만 잘못된 선택이라고 해요. 복싱을 위한 줄넘기는 제자리에서 뛰기보다 스텝을 밟듯이 움직입니다. 두 발을 모아서 뛰는 게 아니라 한 발, 한 발 착지하는 거예요. 턱은 살짝 몸 쪽으로 당기고 시선은 정면을 봅니다. 높은 계단을 오르는 것처럼 무릎을 가슴 쪽으로 높게 올려 뛰면 복근 운동도 할 수 있어요. 줄넘기를 하는 이유는 복싱이 스텝을 많이 쓰는 운동이기 때문입니다.

2분짜리 줄넘기를 고작 한 세트 마치고 나니 '헉헉' 숨소리가 거칠어졌습니다. 너무 힘들어서 잠깐이라도 앉으려 하니 호령이 떨어져요. 코치님은 가만히 있지 말고 허리를 펴고 걸어 다니면서 호흡을 가다듬으라고 했죠. 쉬는 틈에 근육이 굳지 않도록 몸을 푸는 습관을 들이기 위한 훈련입니다. 실제로 복싱 경기 장면을 보면 선수들이 격렬하게 움직이다가 잠깐 숨을 고르는 시간에 서 있지 않고 다음 라운드까지 계속 걷습니다.

스텝은 발볼로 계속 뛰는 동작이라 복싱을 오래 하면 아킬레스건이 짧아진다고 해요. 그래서 시작 전에 스트레칭을 꼼꼼하게 해주는 거예요. 안 쓰던 발 근육에 체중을 싣고 스텝을 밟으니 다음 날 발바닥이 엄청 아프더라고요.

나를 지키는 경이로운 기술

준비 운동으로 한 시간 가까이 지나 지쳐 갈 때쯤 드디어 잽을 배웁니다. 발은 어깨너비로 벌려 45도로 틀고, 왼발 앞쪽이 오른쪽 발뒤꿈치를 보고 대각선이 되면 안정적인 자세!

복싱 체육관에 붙어 있는 전면 거울에 비친 자신을 상대 선수라고 생각하고 얼굴 쪽으로 두 손을 들어 가드를 올립니다. 주먹은 달걀을 쥔 것처럼 쥡니다. 체중을 실어 타격을 주기 위해 무릎을 살짝 굽히고 뛰기 시작합니다. 앞뒤로 스텝을 밟으면서 주먹을 쥔 한쪽 팔을 쭉 뻗어 '툭' 하고 잽을 날려 봅니다. 이것이 바로 그 유명한 섀도복싱Shadow-Boxing이에요! 줄넘기할 때와 마찬가지로 턱은 몸 쪽으로 당깁니다. 그래야 얼굴이나 턱을 맞아도 KO되지 않거든요.

수업이 거의 끝나 갈 때쯤 복싱 글러브를 낍니다. 맨손으로 섀도복싱을 할 때와 다르게 주먹을 꽉 쥡니다. 부딪히고 마찰이 생기면 다칠 수 있기 때문입니다. 남자는 280그램(10온스), 여자는 340그램(12온스)짜리 글러브를 끼는데 크기가 작을수록 맞으면 아프다고 해요.

글러브도 껴 봤으니 배운 동작으로 샌드백을 향해 잽을 날렸습니다. 뭔가를 때리는 것만으로도 스트레스가 해소되는 듯했어요. 옆에 있는 능숙한 훈련생은 원투 스트레이트와 훅, 어퍼컷도 날리더라고요. 잽을 날린 게 몇 번 되지도 않았는데 글러브를 벗어 보니 무거운 샌드백에 부딪힌 주먹이 빨갛게 변했고 손이 덜덜 떨렸습니다. 팔꿈치부터 손목까지 근육통이 왔어요.

마무리되는 듯했던 수업은 마지막 힘을 쥐어짜낸 플랭크로 끝이 났습니다. 많은 사람이 복싱은 스파링이 무서워서 시작도 못 할 거 같다며 겁을 내잖아요. 막상 체육관에 가 보니 스트레칭, 줄넘기,

새도복싱을 하나씩 완성하는 시간에 링에 오를 각오를 다져도 충
분했습니다.

수학 선생님에서 아마추어 복서가 된 과정을 담은 책《어퍼컷 좀
날려도 되겠습니까》에는 이런 말이 나옵니다. "복싱은 주먹질이 아
니다. '자기 것을 지키며(방어)' '상대의 것을 뺏기 위해(공격)' 수없
이 기술을 훈련하고 자신의 몸을 담금질해야 하는 운동이다. 모르
고 보면 원초적이지만 알고 보면 인체의 경이로움에 감탄할 수밖

에 없는 스포츠다." 정말 그래요. 복싱은 상대와 싸우는 기술인 만큼 충분히 기본을 쌓는 수련이 중요한 종목입니다. 자신을 방어할 여러 기술을 습득할 수 있는 운동이기도 하죠.

시키는 대로 하다 보면 끝

소중한 우리의 허리를 위해
_수영

미술을 전공 중인 대학생입니다. 과제를 하느라 몇 시간씩 꼬박 앉아 있는 게 일상이죠. 대학 정시를 준비할 때는 하루에 열 시간 이상 앉아서 그림만 그리기도 했어요. 입시가 끝나고 대학에 가면 중고등학교 때랑 다르게 밖에서 놀 줄 알았는데 그림 그리는 생활은 크게 달라지지 않았어요. 그래서 항상 허리가 아프고 불편했어요.

밤늦게까지 공부하고 나면 다음 날 허리에서 등까지 통증을 느끼는 친구도 있을 거예요. 저는 입시를 하다 코어가 무너지면서 허리 통증이 심해졌고 디스크까지 터졌습니다. 대학생이 되었지만 한번 망가진 몸 상태는 바로 회복되지 않았어요. 수업이 끝나면 탈진한 듯이 지쳐 집에 돌아오는 생활이 반복되면서 운동을 해야겠다는 생각이 처음 들었죠.

　허리에 강한 힘을 줄 수도 없고, 무리해서도 안 되는 상태여서 선택한 종목이 수영이었습니다. 물에 떠서 움직이는 수영은 부력이 체중을 덜어 주기 때문에 몸에 부담이 적었어요. 혹시 무릎이나 허리가 아팠던 적이 있다면 관절이 약하다는 신호일 수 있으니 이런 경우 수영을 추천합니다. 부력의 도움으로 움직임의 강도를 조절하면서 안전하게 운동을 시작할 수 있습니다.

팔팔한 힘부터 신나는 물놀이까지

수영은 온몸을 쓰는 유산소 운동이라 폐활량도 키워 줍니다. 어떤 영법이든 올바른 자세를 연습하다 보면 머리에서 엉덩이, 다리까지 이어지는 몸의 중심축을 바로잡게 되어 균형 감각이 좋아져요. 물속에서는 보고, 듣고, 말하고, 걷고, 심지어 숨 쉬는 것조차 그냥 되지 않습니다. 일상과 다른 감각으로 움직여야 해서 그동안 느끼지 못했던 호흡, 관절의 움직임 등을 분명하게 확인할 수 있습니다. 에너지 소모도 많은 편이에요.

　수영장을 다니고 8개월이 지났을 무렵이었어요. 학교에서 집으로 가는 길에 뭔가 달라졌다는 걸 깨달았습니다. 아직 체력이 남아 있는 거예요. 당장 침대에 뛰어들고 싶었던 예전과 다르게 뭐든 할 수 있을 것 같은 팔팔함이었습니다. 다리도 저리지 않았어요. 힘이 남으니 과제를 더 열심히 할 수 있었고요.

수영은 수업을 들어야 배울 수 있고, 수영복과 수영모·물안경을 사야 해서 초기 비용도 제법 들어갑니다. 옷을 갈아입고 씻는 과정이 귀찮게 느껴질 수도 있습니다. 하지만 한 시간도 제대로 앉아 있지 못했던 저의 허리 상태를 생각하면 시간과 돈을 투자할 가치가 있었습니다. 또 수영은 한번 할 줄 알게 되면 영원히 할 수 있으니 배워 두면 수영장이나 바다에 놀러 가서 더 신나게 놀 수 있죠.

학교에서 생존 수영을 배웠거나 어린이 스포츠단에서 수영을 해 본 사람도 있을 겁니다. 박태환 전 국가대표 수영 선수가 2008년 이후 세계적으로 주목받으며 수영에 관심이 커져 '박태환 키즈'가 많아졌죠. 덕분에 15년 뒤 항저우 아시안게임에서 수영은 한국 역사상 가장 훌륭한 성적을 달성했어요. 우리 선수들이 획득한 메달이 무려 스물두 개였고, 특히 첫 단체전 금메달인 남자 계영 800미터에서 14년 만에 아시아 신기록을 세웠습니다. 이전 기록은 전신 수영복을 입었던 시절 달성한 성과였죠. 지금은 '기술적인 도핑'이라는 판정을 받아 착용이 금지된 수영복입니다. 그 기록을 한국 선수들이 맨몸으로 넘어선 거예요. 수영 인구가 늘어나 전체적인 수준이 높아진 결과로 분석하고 있어요.

멋지게 물살을 가르고 싶다는 마음으로 처음 수영장에 간다면 알아 둬야 할 상식이 몇 가지 있습니다. 수영복을 입고 물에 들어가기 전에는 꼭 샤워해야 합니다. 물로만 하면 안 돼요. 수영장 물이 더러워지지 않도록 씻는 것이니 비누칠까지 해야 합니다. 그때 갑자기 호스를 누군가 같이 쓸 수도 있어요. 비누칠하는 사람의 샤워기는 누구든 쓸 수 있다고 생각하기 때문이에요.

샤워 후 수영복까지 입었다면 수영모와 물안경을 들고 수영장으로 나갑니다. 초급·중급·고급 등 수준에 따라 레일이 나뉘어 있을 거예요. 내가 속한 반으로 가서 스트레칭을 하거나 몸을 움직여 준비 운동을 합니다. 물에 들어가 온도를 확인하고 다른 회원들과 인사하다 보면 강사님이 올 겁니다. 킥판을 잡고 발차기를 하거나 팔 동작을 배울 텐데요. 물에 빠질 것 같아서 무섭다면 보조 기구를 사용하거나 물 밖에서 모의 연습 시간을 가지며 천천히 적응해 가면 됩니다. 체력이 떨어졌을 때는 레일 구석으로 붙어 물안경을 벗고 뒷사람들에게 먼저 가라는 신호를 보내 줘요. 강습이 아닌 자유 수영을 할 때도 마찬가지입니다.

수업에서는 한 영법을 충분히 익혀야 다음 단계로 넘어갑니다. 하루에 정해진 코스만큼 돌아야 연습이 끝나고요. 강사님의 지도에 따라가면 된다는 말이죠. 엎드린 자세에서 양팔을 번갈아 저으며 발차기(크롤)를 하는 자유형이 기본이에요. 사실 자유형은 수영 영법에 제한이 없는 경기를 뜻하는데요. 자유형 경기에서 주로 이 크롤 영법을 하다 보니 자유형과 크롤을 같은 말처럼 사용하게 되었습니다. 자유형은 반환점에서 신체 일부가 수영장 벽과 꼭 닿아야 합니다.

　해달처럼 떠가는 배영에서는 등을 수면에 대고 두 팔을 번갈아 둥글게 저으며 발차기를 합니다. 언제나 누운 자세를 유지해야 해요. 반환점에서 몸 일부분을 벽에 터치하며 되돌아갈 때를 빼고는

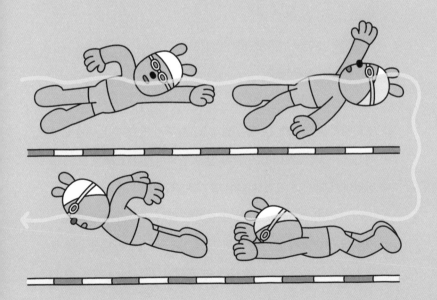

결승점에서도 누운 자세여야 합니다. 평영을 할 때는 두 다리를 동시에 오므렸다가 뒤로 폅니다. 무릎을 구부려서 물을 찬 다음, 두 팔을 모았다가 앞으로 펴죠. 양쪽 대칭을 유지하되 팔꿈치는 물속에 있어야 합니다. 가장 큰 근력이 필요한 접영은 마지막에 배워요. 두 팔을 동시에 물 밖으로 원을 그리며 뻗고, 두 다리는 동시에 위아래로 발차기를 하는 영법입니다. 양팔은 대칭, 양다리는 같은 높이여야 한다는 규칙이 있죠.

일단 수영장에 도착하면 해야 할 프로그램은 정해져 있습니다. 우선 한 달. 이용권을 끊고 시간에 맞춰 수영장까지 가는 걸 목표로 한다면 여러분의 운동은 이미 시작되어 있을 거예요.

저질 체력, 바벨왕 되다 _크로스핏

스스로 체력을 시험해 본 적이 있나요? 원하지 않았지만 시험에 빠진 적은요? 예를 들어 몇 초 남지 않고 깜빡이는 신호등을 보고 냅다 뛰었다가 자신의 저질 체력에 충격을 받는 일이 생길 수도 있죠. 횡단보도를 뛰어서 건넌 후 토할 것처럼 숨이 차더니 식은땀이 나고 가슴에 통증까지 온다면 정말 당황스러울 거예요. 다음 신호를 기다려 건넌 것보다 더 오랜 시간 쉰 후에야 겨우 다시 걸을 수 있게 되니 말이에요. 바로 저의 이야기였습니다.

이대로는 안 되겠다는 생각이 들었고, 당장 동네 헬스장에 회원 등록을 했어요. 그리고 그날은 평생 잊을 수 없는 날이 되었답니다. 평소 걷는 것보다 조금 빠른 속도로 트레드밀을 설정한 후 몇십 분이 지났을까요. 저는 걷기를 멈추고 내려오자마자 기절해버렸습니다. 걱정하는 사람들이 제 주변을 빙 둘러쌌던 그 순간의 민망함은 언제 떠올려도 생생합니다.

얼마나 운동을 안 했으면 평소보다 조금 오래, 조금 빨리 걸었다고 정신을 잃을 정도로 방전되어버린 걸까요. 그동안 운동을 하지 않았던 이유를 떠올려 봤습니다. 저는 어릴 때부터 초고도 비만이었지만 딱히 운동에 흥미가 없었어요. 남들보다 큰 몸이 부끄러워서 자세히 들여다보지 않았고 가꿀 줄도 몰랐거든요. 사실 몸을 단련하지 않으면 뛰어서 길을 건너는 것조차 어려울 만큼 신체 기능이 사라질 수 있다는 걸 알려 준 사람도 없었어요.

지루하지 않은 온몸 단련

충격을 받은 이후 헬스장에 빠지지 않고 나가 꼬박 1년을 꾸준히 걸었습니다. 초고도 비만이었던 몸무게가 과체중 수준으로 줄었죠. 그리고 나니 자신감이 생기면서 다른 운동도 해 보고 싶어졌어요.

유행이었던 크로스피트Crossfit에 도전하기로 했습니다. 크로스 트레이닝Cross Training과 피트니스Fitness를 합친 말인데, 역도와 체조 등 근력과 유산소 운동을 섞어서 짧은 시간에 높은 강도로 운동하는 프로그램입니다. 여러 운동을 하니 지루하지 않고, 온몸을 쓸 수 있습니다.

체육관에 가면 와드WOD가 정해져 있습니다. 'Workout Of the Day', 그날의 훈련이라는 뜻이죠. 운동량과 순서를 적어 놓은 것으로 매일 회원들이 달성해야 하는 미션입니다. '오늘은 뭘 할까'라는 고민 없이 그냥 따라 하면 됩니다. 그룹으로 운동하면 서로 응원을 받을 수 있어 재미있습니다.

똑같은 와드도 걸리는 시간은 제각각입니다. 각자 몸 상태와 능력이 다르니까요. 보통 유산소로 몸을 풀고 무거운 기구를 들어 근력 운동을 하는 경우가 많지만, 근력을 먼저 하고 유산소를 하는 게 좋은 사람도 있어요. 그러니 남과 비교해서 더 잘하는 것보다 나에게 맞는 방법을 찾아 나의 근력을 키우는 것이 중요합니다. 숙련되고 나면 자신에게 필요한 동작들을 뽑아 나만의 와드를 만들기도 하죠.

3대 몇? 매일 도전하고 기록하는 기쁨

많은 훈련 중에 저는 역도가 가장 매력적이었어요. 바벨(역기)을 두 손으로 잡고 양팔을 편 채 바닥에서 엉덩이 높이까지 들어 올리는 데드리프트, 바벨을 어깨에 올려놓고 앉았다 일어나는 스쾃을 좋아합니다. 한 번에 들 수 있는 최대 중량인 원알엠1RM을 매번 기록하는데 조금씩 올라가는 무게를 보며 다음 도전을 기대하게 되죠. 운동 브이로그나 방송에서 "3대가 몇이에요?"라고 묻는 것을 봤을 거예요. 데드리프트와 스쾃, 누워서 바벨을 양손으로 잡고 가슴 앞까지 내렸다가 들어 올리는 벤치 프레스의 최대 무게를 더한 숫자를 '3대'라고 합니다. 근력을 키울수록 숫자가 늘어나니 운동의 효과를 눈으로 확인할 수 있어서 성취감이 커요. 운동이 너무 힘들 땐 '이 무거운 걸 들어 올려서 뭘 하나' 싶기도 하지만 전과 달라지는 몸을 생각하면 다시 힘이 솟습니다.

쇠로 된 공에 손잡이가 달린 케틀 벨을 이용한 운동도 하고 있어요. 한 손에 케틀 벨을 들고 누웠다가 단계별로 동작을 바꾸며 일어나거나 양손에 들고 스쾃을 합니다. 케틀 벨을 앞뒤로 흔들며 중심 근육을 단련하기도 하죠.

무거운 기구를 이용한 근력 운동을 하면서 정한 원칙이 있습니다. '다치지 말자.' 그러기 위해 무게를 들어 올리는 시간보다 두 배

많은 시간을 들여 꼼꼼히 몸을 풉니다. 스트레칭을 하거나 가볍게 움직이는 동작으로 충분히 몸을 예열하는 거예요. 그래야 갑자기 강한 힘을 줘도 근육과 관절이 놀라거나 파열되지 않거든요. 또 몸을 움직이면서 오늘 나의 상태가 어떤지 살펴봅니다. 무리하지 않을 수 있어요.

몸풀기 후 체육관 사람들과 트레이너 선생님의 구호에 따라 무게를 들어 올린 지 7년째. 이제 정수기 물통은 한 팔로 거뜬히 들 만큼 근력이 강해졌습니다. 트레드밀 한 번 뛰고 내려와 기절했던 저도 더는 '약하다'는 소리를 듣지 않아요. 힘을 키울 수 있었던 건 매일 차곡차곡 무게를 쌓아 온 시간 덕분이라고 생각합니다. 그러니 누구든 도전할 수 있어요. 자신만의 속도로 천천히 가다 보면 튼튼하고 강한 두 팔과 다리를 완성할 수 있을 거예요.

이런 운동은 어때요?

5

운동하는 사람들이 모이면 수다쟁이가 됩니다. 내가 하는 스포츠가 얼마나 재미있는지 알려 주고 싶어 안달이 나거든요. "지금보다 더 건강하고 활기찬 생활을 할 수 있어요!" "근력, 폐활량이 정말 좋아진단 말이에요!" 나만 알고 있기에는 아까운 세상이 있다며 같이 행복해졌으면 하는 마음을 담아서 경쟁하듯 이야기를 해요. '그래? 그렇게 재미있다고? 나도 해 보고 싶어지는걸?' 하고 솔깃해져 영업을 당하기도 하죠.

그런데 엄두가 나지 않는 종목들도 있습니다. 진짜 체육인이 아니면 도전할 수 없을 것만 같은 스포츠들이죠. 하지만 너무 궁금했어요. '나도 할 수 있을까?' '내가 해도 될까?' 그래서 자세히 알아봤습니다. 알고 나서 한번 해 보면 아무것도 아닐 수 있잖아요? 여러분도 저와 함께 고수의 세계에 발을 내디뎌 봅시다.

근수저의 국가대표 도전기

사격

'탕' '탕', 손에 쥐어 본 적도 없던 권총으로 쏜 첫 비비탄 총알은 표적을 약간 벗어났지만 두 번째 총알이 과녁을 정확히 맞힙니다. '탕탕탕탕탕.' 소총 여섯 발 연사는 첫 도전부터 과녁을 정조준해버렸습니다.

예능 프로그램 〈시켜서 한다! 오늘부터 운동뚱〉에 출연한 개그우먼 김민경 씨가 사격에 도전하던 첫날. 천천히 걸으며 자리를 옮겨 총을 쏘는 이동 사격까지 모두 마스터하자 촬영팀은 물론이고 가르친 코치와 감독도 두 눈을 의심할 만큼 놀라며 입을 다물지 못했습니다. 스스로도 '나 왜 이렇게 잘하는 거지?' 하고 어리둥절했죠.

제목처럼 촬영팀이 '시켜서' 헬스, 필라테스, 팔씨름, 골프, 축구, 야구, 종합격투기 등을 배우는 이 프로그램에서 그는 뭐든 선수처럼 척척 해내 '근수저'라는 별명을 얻었습니다. 몸 쓰는 재능이 최고로 발휘된 사격 편에서는 국가대표가 되어 세계 대회 출전까지 이루어 냈는데, 훈련하는 과정에서 보여 준 집중력과 승부욕이 더해져 흥미진진했죠. 민경 씨가 만든 운동 드라마를 보며 사격을 처음 접하는 시청자들도 생소한 종목에 흥미를 갖고 친근감을 느끼게 되었어요.

사실 사격은 생각보다 쉽게 접할 수 있습니다. 오락실에 가면 비비탄 총으로 인형을 맞혀 선물을 받는 코너가 있죠. 비비탄뿐 아니라 레이저로 과녁을 맞히는 스크린 사격장, 실탄을 장전한 총을 쥐어 볼 수 있는 클레이 사격장도 많습니다.

김민경 선수가 나갔던 '2022 IPSC(국제실용사격연맹) 핸드건 월드 숏'은 올림픽 정식 종목은 아닙니다. 올림픽 사격은 일정한 거리를 두고 주어진 시간 안에 표적을 얼마나 정확하게 맞히는지 겨루지만, 핸드건 월드 숏은 야외에서 코스에 따라 요리조리 움직이며 표적을 명중시키는 경기입니다. 역동적이라 더 재밌다고 느끼는 사람이 많다고 해요.

사격은 올림픽 역사를 대표하는 '근대5종'에도 포함되어 있습니다. 근대5종은 수영, 승마, 육상, 펜싱, 사격으로 이루어져요. 이 다섯 가지 종목은 어떻게 하나로 묶인 걸까요? 맨몸으로 강을 건너 말을 타거나 뛰어서 들판을 달리고 가까이 있는 적은 칼로, 멀리 있는 적은 총으로 제압해 승리를 거머쥔다! 바로 전쟁에서 적진을 파고들어 상대를 공격하는 과정을 본뜬 거예요.

고대 올림픽에는 달리기, 멀리뛰기, 창던지기, 원반던지기, 레슬링으로 구성된 '고대5종'이라는 종목이 있었어요. 마찬가지로 시대에 맞는 강인한 전사를 뽑는 방법이었겠죠. 올림픽 자체가 전쟁에서 시작된 축제잖아요. 오랜 싸움에 지쳐 신에게 제사를 지낼 때라도 칼을 내려놓기로 하면서, 서로의 목숨을 빼앗는 대신 운동으로 승패를 가르는 행사를 만들며 올림픽이 시작되었습니다. 상대를 겨냥했던 사격도 지금은 주의력과 인내심, 안정적인 근력으로 과녁을 꿰뚫는 섬세한 종목으로 거듭났죠.

사격 경기에서는 두 시간 가까이 고도의 집중력을 발휘해 세밀하게 조준한 뒤 흔들림 없이 발사하는 동작을 반복합니다. 총이 발사될 때 반동을 제어할 수 있는 근력과 지구력이 필수입니다. 세부 종목과 방식이 굉장히 다양한데요. ISSF(국제사격연맹) 기준으로 보면 소총과 권총, 산탄총 등이 있어요. 그 안에서 화약총과 공기총으로 나뉘죠. 공기총은 공기압으로 탄환이 발사되어 화약 총기보다 위력이 약해서 스포츠 사격 대회용으로 많이 씁니다.

소총은 일명 '스나이퍼총'으로 많이 알려진 긴 총이에요. 5킬로그램이 넘는 무게여서 한 손으론 받치고 다른 손으로 쥐고 쏩니다. 공기소총은 표적에서 10미터, 소총은 50미터 떨어져 발사합니다. 권총은 탄환이 통과하는 금속관의 길이(총신)가 짧아 한 손에 쥐어요. 공기권총은 표적에서 10미터, 다섯 발을 연사하는 속사권총은 25미터 떨어져 쏩니다. 올림픽에서 속사권총은 남자 선수 종목에만 있죠. 공중에 솟아오르거나 좌우로 날아가는 클레이를 맞히는 산탄총도 있어요. 스크린 사격장에 가면 여러 가지 총을 쏴 볼 수 있습니다. 실제가 아니라 화면에 나타나는 표적을 레이저로 맞히는 형식이죠.

스포츠로 즐기는 사격이지만 총을 다루는 종목이라 안전을 위해 지켜야 하는 수칙들이 많습니다. 우선 사격장에서는 떠들면 안 되고, 총구는 항상 표적이나 사람이 없는 공중을 향해야 해요. 다른 사람의 총기를 허락 없이 만지지 말아야 합니다. 특히 실탄은 총을 쏘는 자리가 아니면 절대 장전해서는 안 됩니다. 아무 곳에서나 총을 쏘는 자세를 취하는 것도 금지예요. 사격은 총이 주는 무게만큼 운동을 시작하기 전부터 모든 동작을 끝내고 사격장을 나올 때까지 책임감을 느껴야 하는 종목입니다.

몸과 머리를 쓰는 생존 운동

스포츠 클라이밍

문제를 풀어야 몸을 쓸 수 있는 운동이 있습니다. 몸과 머리가 동기화되어야만 동작이 완성되죠. 한 동작씩 나아가 결승점까지 가는 과정도 '문제를 푼다'고 표현해요. 울퉁불퉁한 벽면에 붙은 알록달록한 돌(홀드)을 따라 인공 암벽을 오르는 '스포츠 클라이밍'입니다.

과거에는 도전가들이 맨손으로 실제 산과 바위 등에 올라갔어요. 자신을 지켜 줄 밧줄을 몸에 두르고 바위에 구멍을 뚫으면서 말이죠. 시간이 지나며 너무 위험하지 않게 산을 타고 싶어 하는 사람들이 많아졌고, 자연환경을 훼손하면서까지 등반하는 게 올바르지 않다는 인식도 커지자 스포츠 클라이밍이 등장했습니다. 미리 안전하게 고정한 홀드를 따라 보호 장비를 가지고 인공 암벽을 타는 거죠. 생존을 위한 운동으로도 인기가 높다고 해요. 불이 난 건물에서 탈출하거나 산속에서 길을 잃는 극한 상황에서도 살아남을 수 있는 능력을 클라이밍으로 기를 수 있기 때문입니다.

보통 클라이밍 하면 밧줄을 달고 높은 벽에 올라가는 모습을 떠올리지만 등반하는 방법은 여러 가지입니다. 더 빨리 올라가는 사람이 이기는 스피드 클라이밍, 더 높이 올라가는 사람이 이기는 리드 클라이밍, 더 적은 횟수로 움직여서 더 많은 문제를 푸는 볼더링 등이 있어요. 스피드와 리드는 15미터 높이의 암벽을 탑니다. 볼더링은 줄 없이 4~5미터 정도의 암벽을 오르죠. 이 중에서 가장 인기가 많고, 암장도 많은 종목은 볼더링이에요. 같은 색상의 홀드를 밟아 가장 위 결승점에 도달하는 게 규칙입니다. 홀드의 색깔별로 쉬운 코스, 어려운 코스가 나뉘어요.

발에 꽉 맞는 암벽화를 신고 미끄러지지 않도록 손에 초크를 묻히면 등반 준비가 완료됩니다. 볼더링의 기본자세는 양발과 손으로 삼각형을 만드는 거예요. 넓게 벌린 두 발끝에 닿은 홀드를 엄지발가락으로 누르고, 머리 위쪽 홀드를 두 손으로 잡아요. 그리고 다음 홀드를 찾아 팔을 뻗습니다. 손의 방향에 따라 발을 옮기죠. 이때 잡을 수 있는 홀드의 위치를 보고 팔다리가 움직일 수 있는 거리와 각도를 계산해 판단을 내려야 합니다.

"왜 클라이밍에 빠졌나요?"라고 질문하면 많은 클라이머가 성취감이라고 답을 합니다. 생각한 대로 홀드를 하나씩 밟고 올라가 꼭

대기에서 마지막 홀드를 잡고 3초간 버텨 드디어 문제를 풀었을 때의 기분은 정말 최고라고 해요. 아래에서 지켜보던 사람들도 손뼉을 쳐 주죠. 그래서 암벽을 오르기 전에 홀드를 올려다보며 길을 찾는 '루트 파인딩'이 가장 중요합니다. 처음에는 강사가 정해 주는 홀드를 따라 올라가기에 바쁘겠지만 나중엔 나만의 정답을 만들어 볼 수 있는 거예요. 몸을 쓰기 위해 머리를 굴려야 하는 것이 이 운동만의 매력입니다.

클라이밍은 온몸을 뻗어 근육과 관절을 넓게 사용하는 전신 운동이에요. 척추와 골반을 펴고 관절을 돌리는 과정에서 근력이 강화되고, 발가락만 올릴 수 있는 작은 발판에서 균형을 잡다 보면 코어가 단련됩니다. 무리하면 어깨 근육이 아프거나 파열될 위험이 있어서 준비 운동과 스트레칭이 필수입니다. 열량 소모가 뛰는 것보다 두 배 가까이 많은 고강도 운동이기도 하거든요. 앉아서 공부하는 시간이 길고 스마트폰을 보느라 목과 등이 굽어 있다면 모든 근육을 쓰며 자세를 풀어 주는 암벽 등반에 도전해 보는 건 어떨까요.

《일단 한번 매달려보겠습니다》라는 책에서는 홀드의 길을 찾는 과정이 곧 자신을 찾는 일이라고 말합니다. 매달린 상태에서 문제를 풀 수 있는 사람은 자신뿐이라는 의미일 거예요. 나의 팔과 다리가 닿을 수 있는 거리, 손으로 쥐고 버티는 힘, 어디까지 다리를 찢을 수 있는지 결정하는 유연성, 머릿속 동작을 실제로 실행할 근력과 순발력이 어느 정도인지 알아야 암벽을 정복할 수 있습니다. 나자신을 스스로 알아 가는 운동이 바로 클라이밍이라 할 수 있죠.

암장에 갈 때마다 다른 숙제가 주어지는 클라이밍은 쉽게 흥미를 잃거나 같은 일을 반복하면 지루해하는 사람에게 신선한 재미를 줄 겁니다. 같은 홀드라도 날마다 바뀌는 자신의 몸 상태, 연습 정도에 따라 새로운 답을 찾을 수 있으니까요.

인간의 한계를 시험해 볼 기회

마라톤 풀코스

42.195킬로미터. 마라톤 풀코스가 얼마나 긴지 알고 싶다면 지도를 펴고 서울 북쪽 끝에서 남쪽 방향으로 선을 그어 보세요. 경기도 용인시까지 쭉 연결하면 됩니다. 이 거리를 맨몸으로 뛰어 완주하는 게 바로 마라톤입니다. 일반인 중에서 실력이 뛰어난 사람들은 세네 시간, 초보자는 꼬박 다섯 시간을 쉬지 않고 달려야 해요. 체력은 기본이고, 죽을 것 같은 한계를 느껴도 몸을 계속 움직일 수 있는 정신력까지 필요합니다.

운동으로 러닝을 꾸준히 한 사람도 마라톤 코스를 뛰려면 오랜 준비를 거쳐야 합니다. 초반에는 기록보다도 다치지 않고 전 구간을 뛰는 게 목표죠. 매일 조금씩 거리를 늘려 뛰는 법은 4장 '러닝편'을 참고해 주세요. 혼자 달리는 것에 어느 정도 익숙해지면 3~5킬로미터 정도는 가뿐할 거예요. 그런데 10킬로미터가 넘어가기 시작하면 허벅지와 종아리 근육에 극심한 통증이 몰려옵니다.

　한 웹툰 작가가 처음으로 마라톤 전 구간에 도전하는 모습으로 감동을 전한 예능 프로그램이 있었습니다. 30킬로미터쯤 되자 몸이 중심을 잃고 한쪽으로 기울어지기도 했죠. 작가는 그때 '몸이 박살이 날 것 같았다. 완전히 방전된 것 같았다'고 했어요. 미리 훈련해서 40킬로미터가 넘는 거리를 달릴 수 있는 신체와 지구력을 만들지 않고 대회를 나가면 몸이 망가질 수도 있습니다. 마라톤 고수라고 해도 한 번 완주하고 나면 한 달은 푹 쉬어야 몸이 회복될 정도로 힘든 일이니까요.

　숙련자들은 풀코스 도전에 앞서 최소 2주 전까지 40킬로미터를 뛰는 경험을 반드시 해 보라고 조언해요. 첫 도전에 풀코스 완주는 거의 불가능한 일입니다. 석 달 이상 기간을 두고 1주일에 5킬로미터씩 차츰 뛰는 양을 늘리는 적응 훈련이 우선입니다. 마라톤 코스에는 평지만 있는 것이 아니고, 언덕과 경사로도 많아요. 비탈길을 달리는 연습도 필요합니다. 특히 거리에 따라 체력을 어떻게 나눠

서 쓸지 계산하고, 중간에 물이나 열량을 보충하는 요령을 익혀 둬야 자신의 페이스를 찾을 수 있어요.

목표 기록은 러닝 수준에 맞춰 각자 다르게 정해야겠지만, 보통 42.195킬로미터를 다섯 시간 안에 들어오면 대회에서 완주로 인정해 메달을 줍니다. 그래서 일반 참가자들은 네 시간 반에서 다섯 시간을 첫 번째 목표로 삼아요. 올림픽과 국제 육상 대회에 출전하는 국가대표 선수들의 완주 속도는 점점 빨라져 곧 '인류의 벽'이라 불리는 서브 2(두 시간 이내) 기록이 깨질 것 같습니다. 현재 세계 신기록은 케냐의 켈빈 키프텀이라는 청년이 2023년 시카고 마라톤에서 세웠어요. 풀코스 기록이 무려 2:00:35였다고 해요.

키프텀은 고지대 마을에 사는 양치기 소년이었습니다. 가파른 계곡과 숲길을 뛰어다니며 염소와 양을 몰고 있었죠. 그 모습을 본 육상부 감독님이 마라톤 선수를 제안해 13세에 훈련을 받게 되었대요. 그런데 시작하자마자 하프 마라톤에 나가 10위를 했습니다. 1주일에 300킬로미터가 넘는 거리를 달리며 연습해 풀코스 첫 도전 후 10개월 만에 세계 신기록까지 세웠어요. 타고난 신체와 체력도 선수로서 유리했지만, 의지가 정말 대단하죠. (다만 안타깝게도 2024년 2월 훈련장으로 가던 중 교통사고를 당해 그가 달리는 모습을 더는 볼 수 없게 되었습니다.)

마라톤에는 '두 배의 법칙'이 있다고 합니다. 수영·자전거·마라톤을 한 번에 하는 트라이애슬론 경기에 도전한 이야기를 담은 책 《마녀체력》에 나오는 설명인데요. 그냥 무작정 마라톤 완주를 하기는 어렵지만 일단 5킬로미터를 뛰면 10킬로미터는 어렵지 않게 느껴지는 러너들의 이상한 규칙이 있어서 하프 코스에 성공하면 풀 코스도 가능하다는 거예요. 꾸준하면서도 나의 이전 기록을 넘어 보려는 강한 의지가 불가능할 것 같았던 거리를 뛰게 만든다는 의미가 아닐까요?

마라톤 대회를 보면 참가자가 지치지 않도록 곁에서 뛰는 페이스메이커, 구간마다 물을 나눠 주고 응원을 보내는 사람들이 있습니다. 비슷한 속도로 뛰는 참가자들이 모르는 사이더라도 같이 달리는 내내 서로에게 "화이팅"을 외쳐 주며 격려하는 모습도 쉽게 볼 수 있어요. 시각 장애인 참가자는 자원봉사자 러너와 끈으로 몸을 연결해 뜁니다. 오로지 혼자 다리를 움직여 뛰어야 하는 마라톤이지만 절대 혼자 힘으로만 성공할 수는 없는 거예요. 나와 다르지만 같은 도전에 뛰어든 사람들과 완주를 향해 가며 자신감을 얻죠. 그렇게 한 번 해낸 경험을 바탕으로 기꺼이 다시 한번 도전할 용기도 얻어요. 인간의 한계를 시험하는 42.195킬로미터의 여정입니다.

그런데 마라톤의 거리는 어떻게 정해진 것일까요? 여기에는 오래된 이야기가 있습니다. 기원전, 아테네와 페르시아가 마라톤 평원에서 전투를 벌였을 때로 거슬러 올라갑니다. 치열한 싸움 끝에 아테네는 페르시아를 물리쳤습니다. 한 아테네 병사가 쉬지 않고 고향까지 뛰어가 수많은 시민에게 이 기쁜 승전보를 전하고는 그대로 쓰러져 죽었다고 해요. 병사가 뛰었던 거리가 바로 42.195킬로미터였다는 것인데 믿기는 어려운 전설입니다.

기록에 남은 사실을 보면 처음 마라톤 완주 코스가 42.195킬로미터로 정해진 건 1908년에 열린 제4회 런던 올림픽에서입니다. 원래는 주 경기장에서 출발해 42킬로미터를 달리는 규칙이었는데 영국 왕실에서 출발점을 바꿔 달라고 했대요. 왕실 사람들이 선수들을 더 잘 볼 수 있도록 위치를 옮기면서 195미터가 늘어났고 지금의 풀코스 거리가 되었습니다.

이길 수도 질 수도 있는 즐거움

주짓수

세계적인 전기차 기업 테슬라의 일론 머스크와 최대 소셜 미디어 플랫폼 메타의 마크 저커버그. 두 최고 경영자(CEO)는 하마터면 세기의 결투를 치를 뻔했습니다. SNS에서 서로의 서비스를 깎아내리며 말다툼하다 급기야 '만나서 대결하자'는 선전 포고가 나온 거예요. 평소 저커버그가 즐겨 하는 주짓수를 연습 중인 머스크의 사진이 SNS에 올라오기도 했죠. 진짜 싸우지는 않았지만 두 사람의 결투를 기대한 사람들이 은근히 많았습니다. 주짓수라는 격투기에 대한 관심도 높아졌죠.

'주짓수Jiu-jitsu'는 일본 전통 무술인 '유술柔術'을 바탕으로 만들어졌습니다. '부드러울 유柔'라는 한자의 의미처럼 상대를 때리는 것보다 잡아서 던지거나 관절을 꺾어 물 흐르듯 제압하는 기술이 특징이라고 해요. 브라질에서 시작되어 전 세계로 퍼져 나가는 과정에서 타격과 찌르는 공격까지 포함된 지금의 모습이 되었습니다.

대결 종목인 주짓수는 수련 기간과 실력에 따라 벨트가 나뉩니다. 태권도처럼요. 화이트, 블루, 퍼플, 브라운, 블랙 순서로 높은 등급이에요. 화이트 벨트로 시작해서 보통 2년 정도 꾸준히 실력을 쌓으면 블루 벨트를 딸 수 있습니다. 퍼플은 그만두지 않고 4년, 브라운은 6~8년 정도 훈련하면 된다고 해요. 일반 훈련자 가운데 최고 수준인 블랙 벨트는 10년 이상 노력해 숙련된 이들만 맬 수 있죠. 같은 블랙이어도 벨트 끝의 줄무늬 개수로 등급이 나뉘고, 달인의 경지에 이른 극소수만 블랙 다음 단계인 레드 벨트를 갖고 있다고 합니다.

주짓수는 유도, 레슬링같이 상대와 몸을 부딪치며 힘과 기술을 겨룹니다. 한국에서는 2000년대 들어서 수련하는 사람들이 생겼는데 지금은 지역마다 체육관이 있을 만큼 인기가 높아졌습니다. 저는 평생 몸싸움을 해 본 적이 없었어요. 주짓수가 TV나 소셜 미디어에 나올 때마다 어떤 운동인지 궁금했습니다. 그래서 원데이 클래스를 찾아 신청했어요. 체육관에 들어서자 설렘과 동시에 긴장감이 들더라고요. 다른 참가자들도 대부분 처음 주짓수를 해 본다고 해서 조금 안심할 수 있었어요.

초보들을 위한 훈련은 기초 체력을 단련하고 기술을 배운 뒤 대련하는 순서로 진행되었습니다. 우선 두 사람씩 짝을 지어 가위바위보를 합니다. 진 사람이 팔 굽혀 펴기 세 개를 해야 해요. 그다음 가위바위보에서는 진 사람이 팔 벌려 뛰기를 열 번 합니다. 또 그다음은 진 사람이 윗몸 일으키기 열 개를 하고요. 가위바위보 상대를 계속 바꿔 가며 이기고 지고 반복하니 어느새 몸에서 땀이 났습니다. 주짓수는 신체적 마찰이 큰 운동인 만큼 몸에 열을 충분히 내서 근육을 부드럽게 만들어 놔야 다치지 않고 연습할 수 있다고 해요.

이후 배운 기술은 슈림프 자세였습니다. 일명 '새우 빼기'라고 하는 방어 자세예요. 새우처럼 몸을 말아 공격에서 빠져나오는 동작입니다. 관장님의 구령에 맞춰 혼자 슈림프 동작을 연습합니다. 천장을 보고 누워 무릎을 세운 상태에서 두 발끝에 힘을 주고 몸을 옆으로 틀면서 엉덩이를 대각선으로 빼는 겁니다. 자세를 바꿀 때 "슈림프!"라고 외쳐요.

어느 정도 동작을 익히고 나면 연습 경기에 도전합니다. 주먹을 맞대며 인사한 뒤 각자 포지션을 취해요. 수비는 슈림프 자세를 준비할 때처럼 서 있는 상대를 마주 보며 누워 있다가 경기 시작 구호와 함께 상대방의 종아리를 밀쳐 내며 잡히지 않도록 슈림프 기술을 겁니다. 발로 상대의 무릎, 골반을 차례로 차면서 정면을 유지하고 방어하는 자세를 지켜야 해요. 이때 공격은 자신의 하체 쪽으로 올라온 상대의 다리를 손으로 치우고 몸 옆쪽, 사이드를 잡으면서

(패스) 상대의 등 뒤쪽에서 자신의 두 손을 맞잡아 제압합니다. 패스가 들어올 때 수비는 새끼손가락 바깥쪽을 칼날처럼 만들어 상대의 옆구리와 목을 막아 내야 하죠.

공격과 방어를 번갈아 하면서 잡고, 당기고, 누르고, 밀쳐 냈습니다. 슈림프를 혼자 할 때는 정말 방어가 될까 싶었는데 빠르게 동작을 연결하니 몸을 피할 수 있더라고요. 처음에는 다른 사람과 몸을 맞대는 것도 어색했는데 훅 들어온 공격을 피하고, 상대를 제압하기 위해 돌진하느라 정신없는 육탄전을 치르며 익숙해졌어요. 상대의 다리를 잡아 옆으로 밀어내고, 내 몸통을 들이밀어 누워 있는 상대의 빈틈을 찾아 상체를 누르고 등 뒤로 팔을 감았습니다. 드디어 이겼습니다! 기분이 정말 좋았어요. 너무 재미있습니다.

다음 상대는 근력이 만만치 않은 수련자였어요. 공격을 막아 보려고 등과 다리로 버티며 자세를 쉴 없이 바꿨지만 결국 잡혀버렸습니다. 졌지만 그래도 재밌었습니다! 대련을 하는 15분 동안 엎치락뒤치락하다 보니 땀이 뚝뚝 떨어졌습니다. 주짓수는 버티고, 공격할 때 모두 전신의 근육을 움직이는 운동이었어요.

수업이 끝나고 수고했다는 인사로 서로에게 박수를 쳤습니다. 참가자 중에는 복서도 있었는데, 상대와 싸우는 훈련을 하면서 일상에서도 안 좋은 일이 생기면 이번엔 내가 졌지만 다음엔 내가 이길 수 있을 거라는 마음가짐을 갖게 되었다고 이야기하더라고요.

실수하거나 실패해도 다시 도전하면 된다는 사실을 알고 나니 지는 것에 대한 두려움이 없어졌다고도 했어요. 저도 짧은 시간이지만 대련을 하며 이번엔 내가 졌어도 다음엔 내가 이길 수도 있다는 생각이 들었거든요. 그 말을 들으니 처음 보는 사이지만 운동하면서 금세 친해진 느낌이었습니다. 수업 전에는 다치면 어쩌나 무섭기도 했는데, 초보는 다칠 만큼 격하게 움직이지도 않고 관장님의 지도에 따라 배우니 안전했습니다.

혹시 해 볼까 말까 망설이는 운동이 있나요? 내가 할 수 있을까, 고민만 하고 있나요? 그렇다면 일단 해 보세요. 운동을 나에게 맞는 것과 맞지 않는 것으로만 나누는 건 의미가 없습니다. 해 본 운동, 그리고 아직 경험하지 못한 운동이 있을 뿐입니다.

epilogue

에필로그

숨이
턱까지
차도록

"수고하셨습니다. 이제 얼른 누워요. 여러분들이 제일 좋아하는 사바아사나."

요가 수련의 마지막은 언제나 두 눈을 감고 누운 송장 자세, 바로 사바아사나로 마무리됩니다. 이름처럼 몸에 들어가 있던 힘을 남김없이 빼내고 편안하게 숨을 들이마셨다가 내쉬는 동작입니다. 이 순간을 위해 운동했다고 해도 과언이 아니에요. 터질 듯한 허벅지와 불타는 어깨를 견디며 자세를 유지하고, 도저히 안 될 것 같은 다음, 그다음 동작에 도전한 이유입니다.

누워서 2~3분쯤 지나면 고요한 요가원 안에 코를 고는 소리가 하나둘씩 들리기 시작해요. '훗' 하고 웃다가 이내 저도 잠들어버리죠. 노곤하게 풀어진 근육들이 어서 잠을 자라고 재촉하거든요. 열을 내며 격렬하게 움직인 만큼 쉬어 줘야 한다는 신호입니다. 불면

증에 시달리던 사람도 꿀잠에 빠지는 마법이 일어납니다.

자전거 페달에 발을 올리고 힘차게 굴러 빠르게 달리면, 바퀴는 동작을 멈춰도 한동안 앞으로 가다가 모든 에너지를 쓴 후에야 제자리에 섭니다. 운동은 이렇게 시작에서 정점에 다다른 뒤 서서히 힘을 빼고 회복하며 쉬는 과정이에요.

휴식의 즐거움은 힘껏 움직인 사람만 맛볼 수 있습니다. 근육을 많이 쓰는 요가 수업에서 사바아사나 후 일어나면 매트 위에 엑스레이가 찍혀요. 몸에서 난 땀이 도장처럼 새겨진 거예요. '나 정말 열심히 했구나!' 싶어서 뿌듯하답니다. 축구장에서는 승리를 향해 쉬지 않고 뛰느라 숨이 차다 못해 목에서 피 맛이 느껴지곤 합니다. 그렇게 한 골을 넣은 순간, 세상을 다 얻은 듯이 짜릿하죠. 허벅지 근력을 키우려고 자전거를 타는 제 친구는 시간이 아니라 이마에서 떨어지는 땀방울 숫자를 목표로 세워서 운동한다고 해요. 그렇게 심장이 터질 듯이 움직이면 세포와 신경, 정신까지 반응하며 온몸 가득 지금 살아 있다는 것을 느끼게 해 준대요.

내 몸 쓰는 법을 배우면 이런 작은 성취를 매일 선물로 받을 수 있어요. 스스로 움직이며 이루어 낸 성공들은 일상에서도 용기를 내 도전하는 나를 만듭니다. 다칠까 봐, 내 힘으로는 해내지 못할까 봐 걱정하고 두려워하기보다는 선뜻 한 발 내딛는 것이 습관이 되거든요. 운동하는 이유, 운동이 좋은 이유는 갖가지이지만 꾸준한 움직임은 내 몸을 잘 다루는 능력도 안겨 줍니다. 어제와 달라진 몸을 달래고, 아프고 힘들면 쉬는 법도 알게 되는 거예요. 이것이 바로 균형 있게 살아가는 비법이에요.

이 책을 읽는 데 한참을 집중했다면 이제 달콤한 휴식으로 균형을 맞춰 보세요. 다 같이 사바아사나의 시간을 가져 봅시다. 자, 등을 대고 누워 모든 근육을 이완시키는 거예요. '아' 하고 입을 벌리고, 고개는 좌우로 살짝 도리도리해 보세요. 방금 꽉 깨물고 있던 어금니에 힘이 빠지면서 턱과 목이 가벼워지지 않았나요? 어깨가 긴장되어 올라가 있었다는 사실도 알게 되었죠? 이번엔 엄지손가락을 나머지 손가락들로 감싸며 주먹을 세게 쥐어 보세요. 부들부들 떨릴 때까지요. 그리고 툭 내려놓습니다. 다리는 땅에서 5센티미터 정도 들었다가 바닥으로 떨어뜨려요. 두 발이 자연스럽게 바깥쪽을 향하게 합니다. 양팔과 허벅지, 발끝까지 나른해진 걸 느낄 수 있을 거예요.

즐겁게 건강을 지키는 삶, 헬시 플레저는 스스로 균형점을 찾는 데서 시작됩니다. 각자의 방식으로 내 몸 쓰는 법을 만들어 나를 돌봐 주세요. 열심히 움직이고, 또 열심히 쉬는 것도 잊지 마세요.